Karl Kühnle

Sieg des Lichts

Erlebnisse

Verlag der
St.-Johannis-Druckerei
C. Schweickhardt
Lahr-Dinglingen

Dinglinger Taschenbücher Nr. 701

CIP-Kurztitelaufnahme der Deutschen Bibliothek:

Kühnle, Karl
Sieg des Lichts, Erlebnisse. – 2. Aufl. – Lahr-Dinglingen, Verlag der St.-Johannis-Druckerei Schweickhardt, 1979.
(Edition C-Taschenbuch Nr. T 16)

ISBN 3 501 00701 9

Edition C-Taschenbuch Nr. T 16
2. Auflage
Umschlagentwurf: Karl Kühnle
Gesamtherstellung:
St.-Johannis-Druckerei C. Schweickhardt, 7630 Lahr-Dinglingen
Printed in Germany   7207/1979

Inhalt

Im Schwarzwald	5
An der Pforte des Todes	47
Der Rat eines bedeutenden Künstlers	54
Rechtsum kehrt!	56
Im Lazarett an der Donau	63
Theologie oder Malerei?	67
Schreinerlehrling	71
München	73
Entscheidung	85
Gutach	92
Italien	98
Ritt auf den Vesuv	104
Eine Nacht in Neapel	107
Sizilien	110
Der Verführer	112
Hochzeit	114
Mein Bruder Adalbert	116
Gleichnis vom Barmherzigen Samariter	118
Verlagsgründung	121
Welcher Weg?	124
Augenkrämpfe	128
Eines der vielen Schicksale	129
Krieg	133
Verheißung	135
Dienst am Evangelium	138
Dem Ende entgegen	141
Flucht	148
Wieder daheim	155

Im Schwarzwald

»Laßt uns nicht hinunterschauen, sondern hinauf!« rief mein Vater und hob mich auf die breiten Platten der Mauer des Plochinger Friedhofs hoch über dem Neckar. Dies ist eine meiner ersten Kindheitserinnerungen. Tief unten sah ich den Neckar, an seinen Ufern Wiesen, Felder und Dörfer und am Talrand die Weinberge. In der Ferne schimmerte blau der Höhenzug der Schwäbischen Alb. Diese wunderschöne Landschaft mit ihrem Reichtum an Farben und Konturen prägte sich mir tief ein. Plötzlich gaben die Wolken die Sonne frei, und ihre Strahlen ließen das Land um so schöner aufleuchten.

Dieser mir unvergeßliche Eindruck zeigt, daß Gott mir einen Sinn für Schönheit von Form und Farbe mitgegeben hatte. Zugleich behielt ich die Worte des Vaters, der den Anfang eines Liedes von Johann Michael Hahn sagte: »Jesus Christus, Lichtweltsonne, groß und herrlich bist du mir . . .« Dieser Liedanfang wurde mir später zum Leitwort für Leben und Malerei.

Wenige Monate nach meinem dreizehnten Geburtstag starb meine Mutter. Darauf hielt es mein Vater für das beste, mich zum württembergischen »Landesexamen« anzumelden. Es war ein Herzenswunsch meiner Mutter, daß ihr Erstgeborener Pfarrer wird. Ebenso hoffte mein gläubiger Vater, daß das älteste seiner fünf Kinder einst das Wort Gottes unverkürzt in Vollmacht verkündigt.

Dieses »Landesexamen« wurde in Württemberg bei der Reformation durch Herzog Christoph eingeführt. Begabte 14- bis 15jährige Jungen aus dem ganzen Land, ohne

Rücksicht auf Stand und Vermögen der Eltern, durften zu dieser Prüfung angemeldet werden. Die sie bestanden, erhielten in den niederen theologischen Seminaren, später im »Stift« in Tübingen eine sorgfältige, aber kostenfreie Ausbildung zum Theologen oder Philologen. Da die Seminare in Klöstern eingerichtet wurden, die nach der Reformation frei waren, nannte man sie »Klosterschulen«. Wie viele wurden bedeutende Männer, die nach Bestehen des »Landesexamens« in diesen württembergischen »Klosterschulen« ausgebildet wurden!

Allerdings war es ein schwerer Weg bis zur Prüfung; denn noch zu Beginn dieses Jahrhunderts gab es nur in größeren Städten unseres Landes Gymnasien, kleinere Orte hatten allenfalls Lateinschulen progymnasialer Prägung. Zu den erhöhten Anforderungen in der Prüfung kam eine scharfe Auslese, da die Zahl der Freistellen begrenzt war, so daß meist nicht einmal die Hälfte der Prüflinge zur strengen, aber gründlichen Ausbildung in eine »Klosterschule« aufgenommen wurden. Deshalb bestand das Leben für jeden, der sich auf das Landesexamen vorbereitete, zumindest schon ein Jahr vorher aus unaufhörlichem angestrengtem Lernen.

Jede Schule setzte ihren Ehrgeiz darein, die besten Kandidaten zu stellen. Auch während der Freizeit hieß es – von wenigen Erholungspausen abgesehen – lernen und nichts als lernen! Strenge Hauslehrer halfen den Bemühungen im zeitüblichen »handfesten« Stil wirksam nach.

Wenn ich an das bevorstehende »Landesexamen« dachte und mein Mut am Sinken war, spornte mich mein Vater mit dem Versprechen an: »Wenn du die Prüfung bestehst, darfst du eine Wanderung auf eigene Faust durch den Schwarzwald unternehmen.«

Schon ein Jahr vorher hatte ich in einer Papierhandlung Kunstpostkarten erstanden, die ich vor dem Lernen vorsichtig zwischen die Seiten meiner Latein- oder Griechischbücher legte. Wollte der müde Geist nicht mehr recht mittun, so betrachtete ich für eine kleine Weile die Karten. Sie zeigten strohbedeckte Schwarzwaldhöfe inmitten schöner Schwarzwaldlandschaften mit Bergen und Tälern oder Schwarzwaldburschen und -mädchen in malerischer Tracht. Die wundervollen Bauernhöfe erschienen mir wie Herrensitze in einem glücklichen Land. Sollte ich nicht die besten Kräfte einsetzen, das »Landesexamen« zu bestehen, damit ich diese Bauernhöfe kennenlernen und den ganzen Schwarzwald erleben durfte!

Der Vater war mit einer Bauernfamilie in der Gegend von Bad Teinach befreundet und hatte sie gebeten, mich nach bestandenem Examen für einige Zeit aufzunehmen. Von diesem Standquartier aus könnte ich ja größere und kleinere Wanderungen ausführen – so die Vorstellung meines Vaters, der mir fünfzehn Mark aushändigte und dazu meinte: »Du erhältst ja Verpflegung und alles übrige reichlich von den Gastgebern, bist also mit fünfzehn Mark geradezu reich.«

Vater ahnte nicht, wie so ganz anders ich mir die versprochene Schwarzwaldwanderung ausgedacht hatte und daß fünfzehn Mark für meine weitreichenden Pläne bedenklich wenig waren.

Zunächst fühlte ich mich wenig beschwert durch solche Sorgen, als ich mit Mütze, Lodenmantel und Rucksack an einem herrlichen Sommermorgen freudigen Herzens im Stuttgarter Hauptbahnhof einen Zug der »Schwarzwaldbahn« bestieg, der mich ins Nagoldtal brachte. Es war 1915, im zweiten Jahr des ersten Weltkriegs.

Nach längerer Fahrt stieg ich an einem kleinen Bahnhof aus. Ihm gegenüber lag eine ländliche Wirtschaft. Drüben, jenseits des kleinen Nagold-Flusses, standen eine alte Mühle und ein paar Häuser. Ringsum stiegen bewaldete Berge auf, im Vordergrund belebten grüne Wiesen das freundliche Tal.

Der Zug stieß einen gellenden Pfiff aus, setzte sich wieder in Bewegung und war rasch verschwunden. Ein träges Räuchlein quoll in die Höhe, schwebte noch eine Weile über dem Fluß und verlor sich im sonnigen Dunst über dem heiteren Tal.

Außer mir war nur noch ein Bäuerlein ausgestiegen, das sofort auf die Wirtschaft zusteuerte, wohl um seine Reise mit einem oder zwei Schöpplein zu beschließen, ehe es in irgendein fernes Dorf hinaufstieg.

Für eine kurze Weile verhielt ich den Schritt und blickte in die Runde. Nun herrschte die vollkommene Stille eines einsamen Waldtals. Zwar sprachen Tannen und Fluß mit ihrem Rauschen ihre eigene Sprache, aber die mir sonst gewohnten Geräusche der Großstadt schienen hier selbst in meiner Erinnerung wie ausgelöscht. Tief und befreiend erlebte ich ungebrochene, fast unberührte Natur.

Ich sah mich nach einem Wegzeiger um und marschierte dem etwa zwei Stunden entfernten Dorf entgegen, in dem meine Gastgeber wohnten. Der Fußweg bog sogleich in ein Seitental ein, folgte aufwärts dem Lauf eines Baches, der über massige Felsblöcke heransprang, und tauchte nach einigen hundert Metern im Hochwald unter. Anfänglich rauschte das Gewässer freudig neben dem Weg einher. Aber je höher ich gelangte, desto stiller wurde das Rinnsal und versiegte schließlich gänzlich.

Oben auf der Höhe öffnete sich der Wald unversehens und

gab einen weiten Blick frei über eine sanft gewellte Hochfläche, über ferne Wälder hinweg bis zu den Bergen der Schwäbischen Alb.

Inmitten von Äckern und Wiesen zeigten sich ein paar Dächer, um einen gemütlichen Kirchturm geschart, das Ganze wie schützend von Obstbäumen umgeben. Bald hatte ich die ersten Häuser erreicht. Das bescheidene Dörflein schien allerdings wie ausgestorben. Endlich sah ich einen offenkundig schwachsinnigen Alten vor einer Haustür sitzen. Als er mich gewahrte, erhob er sich sofort, verneigte sich vor mir feierlich, bot mir die Hand und stieß dabei einige unartikulierte Laute aus, schüttelte dann meine Hand aufs neue und schien sich vor Staunen über den unerwarteten Besuch gar nicht fassen zu können.

Angesichts solch seltsamer Bewillkommnung wußte ich mich nicht anders zu retten als durch einen entschlossenen Griff in meine Geldbörse, deren bescheidenem Inhalt ich eine kleine Münze entnahm, die ich dem Armen in die Hand drückte.

Nun schien es mit dessen Seelenruhe erst recht vorbei zu sein. Er überschüttete mich mit nicht endenwollenden, unverständlichen Dankesbezeugungen, die erst in dem Augenblick – dann allerdings schlagartig – verstummten, als über der Haustür ein Fenster aufgestoßen wurde und ein nicht gerade freundliches Frauengesicht unter kräftigem Gekeife nach unten blickte. Blitzschnell rannte der arme Alte ins Haus; ich konnte ungestört meinen Weg fortsetzen.

Am Ortsrand war nirgends ein Wegweiser sichtbar, der mich belehrt hätte, ob ich mich zur Linken oder Rechten wenden sollte.

Ich war noch am Überlegen, als sich die Haustür des letzten Hofes öffnete. Ein älteres Weiblein trat heraus, offensichtlich froh, eine Abwechslung in der Abgeschiedenheit ihres Hinterwäldlerdaseins zu finden. Auch ich war bei ihrem Anblick erfreut – freilich nicht, weil ich eine Unterhaltung mit einem der Dorfbewohner wollte, sondern weil ich den rechten Weg zu meinem Ziel zu erfahren hoffte.

So fragte ich: »Bitte, wohin führt der Weg nach Martinsmoos?« Ich erwartete darauf eine rasche Antwort, sah mich aber kräftig getäuscht. Die Alte dachte nämlich keineswegs daran, die seltene Gelegenheit, Neues zu erkunden, vorübergehen zu lassen. So begann sie, mich gründlich auszufragen. Zuerst wollte sie wissen, woher »der junge Herr« komme, warum er nach Martinsmoos wolle, wen er dort besuchen werde und für wie lange. Sie ruhte nicht, bis sie den Namen des dortigen Gastgebers erfahren hatte. Daraufhin teilte sie mir in weitläufiger Beredsamkeit mit, ich käme zu braven Leuten, und verlor sich hierauf in viele Einzelheiten über meine Gastgeber. Dabei huschten ihre Äuglein wieselflink über meine ganze Erscheinung hinweg, prüften eingehend meine für sie fremdartige Mütze, die Kleidung, das Schuhwerk, nicht zuletzt meinen Rucksack, dessen Inhalt sie am liebsten auch noch begutachtet hätte. Nicht genug konnte sie sich darüber wundern, daß jemand aus der Landeshauptstadt sich in diese Einsamkeit verschlagen lasse. – Kurgäste waren damals noch eine Seltenheit in jenen entlegenen Schwarzwaldorten und im Krieg überhaupt nicht zu erwarten.

Schließlich fragte sie nach einem, den sie in ihrer Jugend gekannt habe und der nach Stuttgart »ausgewandert« sei. Maier Jakob heiße er, ob der junge Herr den wohl kenne?

»Nein, einen Jakob Maier aus Stuttgart kenne ich leider nicht«, versuchte ich, das Lachen unterdrückend, ernsthaft auf ihre Frage einzugehen, und erkundigte mich erneut nach dem Weg.

Anscheinend hatte die Alte endlich alles Wünschenswerte in Erfahrung gebracht, denn sie entließ den Fremdling gnädig mit dem Bescheid, er solle sich nach rechts wenden bis zu der großen Tanne. An ihr habe sich übrigens vor dreißig Jahren ein Dorfbewohner erhängt, dieser gehe seither nachts um. Also, an dieser Stelle müsse der junge Herr nach links abbiegen. Dabei brauche er keine Angst zu haben, bei Tag sei an jenem Weg noch niemandem etwas Seltsames zugestoßen.

Nur bei Nacht sei der lange Hansmarte vor etlichen Jahren einer stummen Gestalt begegnet, und weil er geglaubt habe, in ihr leibhaftig den Geist des Erhängten zu erblicken, so habe er wie von Sinnen das Hasenpanier ergriffen. Dabei sei der vermeintliche Geist nur der Schöngrundmüller aus dem Teinachtal gewesen, der zu lange im Wirtshaus saß und sich auf dem Weg zu seiner Mühle hinunter befand.

Wie nun der Müller den langen Hansmarte habe davonrennen sehen, sei er nicht minder erschrocken und wie verrückt nach der andern Seite fortgesprungen. Hinterdrein habe dann jeder glaubhaft versichert, in jener Nacht »todsicher« den Geist des Erhängten gesehen zu haben.

Dieses Geisterplätzchen – ich hatte es in fünfzehn Minuten erreicht – erwies sich als eine ausnehmend friedlich und aussichtsreich gelegene Anhöhe über dem Dorf.

Nicht nur eine, sondern mehrere »Holländer« – so nannte man dort von altersher jene besonders großen Tannen, die früher nach Holland zum Schiffsbau verkauft wurden – standen im Kreis um eine offene Schutzhütte, deren Fußboden mit Asche und halbverkohlten Holzstücken bedeckt war. Vermutlich machten Holzhauer hier des öfteren Rast und wärmten ihr mitgebrachtes Essen am Holzkohlenfeuer.

Ich fühlte den lebhaften Wunsch, ein paar solcher Waldleute mit ihren Äxten, Sägen und Beilen um das Holzfeuer sitzen zu sehen und diese Szene malen zu können.

Die Dörfer des nördlichen Schwarzwalds waren meist weit auseinandergezogen. Unmittelbar hinter jedem Haus schlossen sich die dazugehörigen Wiesen, Felder und Waldstücke an. Gegen die Straße hin war meist ein Garten mit ein paar Obstbäumen und vielen Blumen angelegt. Mitunter hielt sich ein kleines Backhäuschen malerisch – etwa unter einem mächtigen Birnbaum – versteckt. Ein solches wurde stets in einiger Entfernung von den früher schindelgedeckten Wohnhäusern gebaut, um diese vor Funkenflug zu bewahren, wenn der Backofen – dies geschah alle paar Wochen – zum Brotbacken mit mächtigen Scheitern geheizt wurde.

In dieser aufgelockerten Siedlungsweise zeigte sich das am Spätnachmittag erreichte Ziel meiner Reise, das Schwarzwalddörfchen Martinsmoos.

Als ich mich nach dem Haus meines Gastgebers durchgefragt hatte, sah ich auf den ersten Blick, daß dessen Anwesen zu den stattlichsten und saubersten im Flecken gehörte. Ein gewisses Etwas verlieh dem Ganzen den Eindruck von Geborgenheit, Stil, ja fast Vornehmheit.

Die alten Schwarzwälder pflegten offenbar nicht viel Worte zu machen, bewiesen mir aber rasch ihre gastfreundliche Gesinnung. Obgleich sie mich noch nie gesehen hatten, begrüßten mich der Hausherr – »Frieder« genannt – mitsamt seiner Schwester kurz, aber herzlich, gerade so, als sei ich lediglich über Mittag weggewesen und nun wieder zurückgekehrt.

Man zeigte mir das heimelig anmutende Gastzimmer. Es war ausgestattet mit einem altertümlichen, schönen Schrank, zwei behaglichen Betten sowie einem schweren eichenen Tisch. Im Hintergrund stand ein steifes Sofa, neben ihm eine Waschkommode. Auf einem Wandbrett lagen eine Bibel nebst einigen erbaulichen Büchern.

Durch das eine Fenster schaute man auf den Garten vor dem Haus, das andere gab den Blick auf Frieders Wiesen sowie auf den einige hundert Meter dahinter gelegenen Tannenwald frei. Am Horizont zeichneten sich ferne Wälder und Bergzüge ab. Nach einiger Zeit stieg ich die Holztreppe zur Wohnstube hinab. Dort befand sich keine Menschenseele; so hatte ich genügend Zeit, den mächtigen Kachelofen zu bestaunen sowie den reichlichen Blumenschmuck an den fünf Fenstern. Meine Bewunderung erregte vor allem eine Riesenpflanze, die sich zu beiden Seiten eines der Fenster bis zur Zimmerdecke hinaufrankte und von da mehrere Meter entlang der Decke weiterwuchs und mit einer Unzahl weißer, büschelweise angeordneter Blüten prangte. Hierbei wurde der Blick fast getäuscht, weil diese Blüten wie aus Porzellan gearbeitet aussahen. Daß sie echt waren, ließ sich schnell feststellen, weil sie in ihrer Mitte einen dicken, goldenen Honigtropfen trugen. Eingerahmt von einer Eckbank stand der schwere Tisch, mit weißgescheuerter, wie Alabaster schimmernder Buchenholzplatte. Kein Kunststoff, keine Holzart dürfte dem matten Zartweiß einer solchen buchenen Tischplatte gleichkommen. Heutigentags wird man kaum noch eine solche irgendwo entdecken können, denn um jenes Weiß zu erhalten, mußte eine Tischplatte tagaus, tagein, durch viele Jahre hindurch, mit weißem Sand gescheuert werden.

Endlich öffnete sich die Tür, und die ledige Schwester des Frieder, kurzerhand »die Bas« genannt, trat ein. Ich erblickte in ihr eine rüstige Fünfzigerin, mit rauher Stimme und strengen Gesichtszügen, gekleidet in der Art der älteren Bäuerinnen der dortigen Gegend. »Die Bas« war – wie ich bald erfahren sollte – in weitem Umkreis hoch geschätzt dank ihrer Klugheit, Aufrichtigkeit und nicht zuletzt ihrer Willigkeit, stets zu helfen, wo es not tat.

Allerdings pflegte sie »ihre Leute«, nämlich wer ihr aus Stadt und Land begegnete, mit scharfem Blick zu prüfen. Dabei konnte sie sich gelegentlich sehr kurz angebunden zeigen, wenn jemand ihrer Meinung nach dieser Prüfung nicht standhielt. Gänzlich abhold zeigte sie sich gegenüber leerem Gerede und Höflichkeitssprüchen, die sie als Heuchelei abtat.

Daß auch der Junge vom ersten Tag an genau beobachtet und »gewogen« wurde, konnte dieser zwar nur ahnen. Indessen bekam er es bald zu spüren, daß er auch bei dieser »Prüfung« gut abgeschnitten zu haben schien, denn die Base betrachtete und betreute den mutterlosen Knaben bald wie ihr eigenes Kind.

Kurz darauf betrat der Frieder selbst die Stube, gefolgt von dem Altknecht. Der Frieder – Junggeselle geblieben – stellte in seiner kräftigen Statur und seinem offenen und klugen Gesichtsausdruck einen wirklichen »Bauernkönig« dar.

Der Altknecht – als Waisenkind vor mehr als fünfzig Jahren ins Haus aufgenommen – zeigte hingegen ein mehr feines, geistvolles Antlitz, geprägt von echter Herzensgüte. Ich spürte sogleich: Beide Männer, überzeugte wiedergeborene Christen, waren ein Herz und eine Seele. Die Stube des Altknechts fand ich bei späterer Besichtigung genauso geschmackvoll und behaglich eingerichtet wie die seines Herrn.

Die Männer setzten sich schweigend auf die Eckbank und warteten, bis die Marie – eine ebenfalls als Waise aufgenommene Magd – das schlichte, kräftige Mahl auftrug. Sie stellte zunächst eine irdene Schüssel mit dampfenden Kartoffeln auf die weiße Tischplatte, dann neben die Schüssel ein leeres, mit bäuerlichen Motiven bemaltes Tongefäß. Schließlich deckte sie jedem Teller, Messer und Löffel, nahm selbst zur Linken der Hausfrau Platz, faltete die Hände und sprach in halb leierndem, halb singendem Tonfall ein längeres Tischgebet. Nach dem Amen griffen alle Hände in die Schüssel, entnahmen ihr rasch mehrere Kartoffeln und begannen – immer noch schweigend – diese zu schälen und die geschälten vor dem eigenen Teller auf die Tischplatte zu stapeln.

Im raschen Kartoffelschälen konnte ich – hierin völlig ungeübt – freilich nicht mithalten, zumal meine ungewohnten Hände die heißen Kartoffeln kaum zu halten vermochten. Die Base warf der Marie einen kurzen Blick zu. Sofort türmte diese ihre schon geschälten Kartoffeln vor dem Gast auf und übernahm dessen noch in der Schale befindlichen.

Gerne hätte ich dies und jenes gefragt oder erzählt. Da mir aber schon seit früher Kindheit eingeschärft worden war, beim Essen immer erst dann zu reden, wenn ein Erwachsener mich dazu aufforderte, nahm ich mich zusammen und verhielt mich ebenfalls schweigend. Wie ich später erfuhr, hatte mir dies schon das erste Lob eingetragen.

Nun wurde eine gewaltige Schüssel mit »g'standener Milch« (Dickmilch) auf den Tisch gesetzt. Zuerst schöpfte der Frieder davon in seine Schale, hernach konnten alle übrigen ihre Teller füllen.

Ich selbst bemühte mich, aufmerksam darauf zu achten, was hier Essensbrauch war. So nahm ich, wie alle andern, zuerst eine dampfende Kartoffel in die Linke, tauchte sie dann und wann in bereitgestelltes Salz und löffelte Dickmilch dazu. Es schmeckte herrlich.

Der Vetter war vor mir mit dem Essen fertig, wartete aber gelassen, bis auch ich soweit war. Dann griff er nach einem kleinen Buch, das offensichtlich viel benützt wurde, setzte sich die Brille auf – daß sie schräg saß, schien ihn nicht zu stören – und las ein geistliches Lied. Er gehörte zur gleichen kirchlichen Gemeinschaft wie mein Vater. Deshalb waren mir die Verse, die er las, nicht fremd.

Während der Vetter bedächtig vorlas, studierte ich sein Gesicht, die kühne Nase, das energische Kinn und die klarblickenden Augen: Wenn ich solch einen Kopf zeichnen oder malen könnte!

Daß man am Sonntag zur Kirche geht, war in diesem Haus so selbstverständlich wie der Aufgang der Sonne. Darüber sprach man nicht, sondern ordnete lediglich an, wer das Haus hüten und nach dem Vieh sehen müsse. Auf dem etwa drei Kilometer langen Weg zur Kirche wurde nicht geredet. Mit ruhigen, weit ausholenden Schritten ging der Vetter zu meiner Rechten dahin.

Die Kirchgänger wurden mit der Frage begrüßt: »Gehst au?« Regelmäßig lautete die Antwort: »Du au?« Ich mußte im stillen darüber lachen, bis mir aufging, daß in diesem Brauchtum eine innere Verbundenheit zutage trat, von der ich als Stadtkind keine Ahnung hatte.

Die schmucklose Kirche wirkte nicht gerade erhebend,

schien auch schlecht gelüftet zu sein, und die Bänke waren echte Marterinstrumente, denn die Sitzbretter waren überaus schmal, die Lehnen scharfkantig und so hoch angebracht, daß man nicht wußte, wie man sich bequem an sie lehnen sollte.

Ernst und feierlich traten die Wäldler an ihre Plätze, suchten umständlich ihre Brille hervor, schlugen das Gesangbuch auf, überflogen so nebenbei die Sitzreihen, um festzustellen, wer da sei und wer nicht. Auch ich ließ meine Augen herumlaufen und betrachtete mitleidig das Örgelein, von dem ich mir nicht viel versprach, war ich doch die herrliche Stadtkirchenorgel daheim, die mein Vater sonntäglich spielte, gewohnt. Auch der Kantor wußte, daß mit seinem Instrument wenig anzufangen war, aber er traute sich dennoch zu, den Kirchgängern etwas Besonderes darauf vorzuspielen.

Geraume Zeit später, als er mich näher kannte – ich kam in den folgenden Jahren noch oft nach Martinsmoos –, sagte er einmal, er sei im Orgelspiel »ganz groß«. Das bestätigte ich ihm gerne, denn seit er einmal mitten im Vorspiel aufgehört und gemurmelt hatte: »So ein blödes Stück«, die Gemeinde eine Weile hatte schweigend sitzen lassen, bis er »etwas Leichteres« gefunden hatte, das er alsbald mit vollen Registern und verhältnismäßig wenig Fehlern spielte, hatte ich bedeutenden Respekt, wenn auch nicht vor seiner musikalischen Leistung, sondern vor seiner Unerschrokkenheit.

Wie ganz anders war dagegen das Spiel meines Vaters, der im Nebenberuf Organist in der schönen, von dem berühmten Schickhardt erbauten Stadtkirche von Bad Cannstatt war!

Ehe die Lernerei für das Landesexamen begann, hatte er

mich oft an Samstagabenden in die Kirche mitgenommen, wo er eine oder zwei Stunden für den Gottesdienst am folgenden Sonntag auf der Orgel übte. Ich saß dann neben ihm, oft wie in eine andere Welt entrückt.

Zum Erlebnis der Töne kam das der Augen hinzu: Zunächst leuchteten die westlichen Fenster im Schein der untergehenden Sonne und warfen unwirklich anmutende Farbenspiele auf Pfeiler, Bögen und Wände. Bald wurden die Farben dunkler und ihr Widerschein geheimnisvoller – endlich verlöschten sie ganz.

Alsbald stiegen aus dem tiefen Kircheninnern Schatten empor, tauchten erst alles in warmes Braun, sodann in dunkles Blauschwarz. – Bleich und unwirklich wie aus weiter Ferne schimmerten die gotischen Fensterausschnitte schwach herüber.

Wie gebannt saß ich auf meiner Bank, sah und vermeinte doch nicht zu sehen, hörte und fühlte mich doch allem Hören entnommen.

Hinter mir summte leise der Orgelmotor, der den Bälgen Luft zuführte. Immer mehr wurde er mir zum Lebewesen, zum unermüdlichen Mithelfer meines Vaters. Wenn Vaters flinke Finger die Tasten berührten, brachte er die Luft heran, die durch die Pfeifen als Töne ausströmte. Ich hatte das Gefühl, als ob sie in der Finsternis des unermeßlich scheinenden Kirchenraumes verlorengingen.

Hatte der Vater sein Spiel beendet, stellte er als erstes den Motor ab, verschloß dann die Orgel, löschte alle Lichter, nahm mich an der Hand und schritt mit mir in völliger Finsternis die steile Treppe zu dem kleinen Pförtchen hinab, das auf den Marktplatz führte.

Nie konnte ich mich bei diesem Hinabsteigen eines beengenden Unbehagens erwehren. Ja, manchmal dünkte es mich, als tappten aus dem hohen Chor der Kirche – von dorther, wo die uralten Grabmale standen – nebelhafte Schemen in seltsamer Gewandung heraus, um die Abwärtssteigenden aus leeren Augenhöhlen zu betrachten.

Erst wenn wir ins Freie getreten waren, der Vater das Pförtchen von außen geschlossen hatte und wir die kühle, reine Nachtluft verspürten, atmete ich befreit auf, denn – so empfand ich – hierheraus durften jene unheimlichen Gestalten nicht folgen.

Freilich – eine vollkommen andere »diesseitige« Welt machte sich sofort geltend. Hart neben der Kirche befanden sich ein paar Altstadtkneipen. Aus ihnen konnten wir häufig Betrunkene heraustorkeln sehen. Schrilles Weiberlachen, Zoten und Flüche wurden laut.

Verwirrt, fast verstört suchte ich dann beim Nachhausegehen die feste Männerhand des Vaters, denn oft steigerte sich in meiner erregten Phantasie dieser Heimweg zu einem fast gefahrvollen Gang über einen schmalen und hohen Grat. Dabei drohten aus einem brodelnden Abgrund zur Linken wüstes Gelärme, verbunden mit grellem Kreischen heranzudringen – während aus der Tiefe zur Rechten ferner Orgelton zu hören war, eingebettet in geheimnisvoll feierliches, nicht minder rätselhaftes Dunkel, in dem die Sphäre des Göttlichen, zugleich aber auch des Unheimlichen, des Todes webte. –

Indes hing ich hier in Martinsmoos nicht allzulange den Erinnerungen nach. Schweigend ging ich mit dem schweigenden Vetter von der Kirche heim. Beim Mittagessen wurde fast nicht geredet. Danach, so meinte der Vetter, mache es mir sicher Spaß, bei dem warmen Wetter auf der

Wiese hinter dem Haus ein wenig auszuruhen. Die Marie gab mir Decke und Kissen.

Da lag ich nun ausgestreckt im Gras unter einem alten Kirschbaum, sog die würzige Luft ein und genoß die einzigartige Stille. Das schöne Stormgedicht des Heide-Imkers fiel mir ein, der zwar noch den Schlag der weit entfernten Dorfuhr hört, aber alsbald einnickt und von seinen Honigernten träumt. Schon war auch ich eingeschlummert. Als Marie mich weckte, konnte ich erst gar nicht fassen, daß ich fast zwei Stunden geschlafen haben sollte.

Beim Eintritt in die Wohnstube befiel mich starke Befangenheit. Vier oder fünf lange Bänke waren darin aufgestellt worden, auf denen fast regungslos Frauen in dunkler Sonntagstracht saßen. Doch wurde der Ernst ihrer Kleidung durch helle, geblümte Kopftücher gemildert, die ausnahmslos von allen getragen wurden. Da und dort glänzten runde, rosige Mädchenwangen unter dem Kopftuch hervor. Aber ich hätte nicht gewagt, länger nach ihnen zu blicken; denn hinter dem Tisch, an dem sonst die Mahlzeiten eingenommen wurden, saßen sechs oder sieben Männer, in sich gekehrt, in ausgeprägt feierlicher Haltung. Oben an seinem Platz saß der Frieder, ihm zur Rechten zwei Herren, die offenbar aus der Stadt zu Besuch gekommen waren. Zu seiner Linken befand sich der Altknecht, genannt Friederle, und Bauern des Orts. Auch sie saßen regungslos und verbreiteten eine fast beklemmende Feierlichkeit um sich. Alle blickten auf mich, der ich in tödlicher Verlegenheit dastand und nicht recht wußte, was ich tun sollte.

Da rief mich der Vetter und forderte mich auf, neben ihm Platz zu nehmen. Erst später erfuhr ich, daß es eine Auszeichnung war, vom Vetter neben die »Brüder« an den Tisch gesetzt zu werden. Das war sonst nicht üblich. Man mußte einen langen und guten Lauf gemacht haben, wenn man in diesen Gemeinschaften an den Tisch gebeten wurde. Aber offensichtlich wollte mich der Frieder für die Sache der Gemeinschaft gewinnen und räumte mir trotz meiner Jugend einen solchen Platz ein.

Kaum hatte ich mich gesetzt, als der Frieder sein Brillengestell – wie üblich schräg – auf die Nase setzte und ein Lied vorsagte, das nun gesungen wurde. Nach dem Gesang trat eine kurze Pause ein.

»Bruder Johannes aus . . ., sei so gut und tu beten!«

Alles erhob sich. Der Aufgeforderte sprach ein kurzes Gebet, in dem er darum bat, daß der Herr Jesus zu den hier Anwesenden einkehren, ihnen einen besonderen Segen schenken und allen den Inhalt des Textes aufschließen möge.

Rasch setzte sich alles. Der Friederle begann mit der Vorlesung einer »Betrachtung«, deutlich bemüht, in langsamem, gehobenem Ton zu lesen, der gelegentlich lächerlich gewirkt hätte, wenn nicht der große Ernst in dem feinen Gesicht des Friederle jede Regung von Spott erstickt hätte.

Auch die »auswärtigen Brüder« lasen einen Abschnitt. Offensichtlich entsprach es dem Rang, den jeder innerhalb der Gemeinschaft einnahm, in welcher Reihenfolge er zum Lesen und später zum Reden aufgefordert wurde.

Dann sprach der Frieder über das Gelesene – frei, natürlich und aus praktischer Erfahrung und – was mir besonders gefiel – kurz, schwieg eine Weile und forderte anschließend die andern Brüder auf, »auch etwas zu sagen«.

Der Erfahrene konnte aus der Art der Aufforderung genau heraushören, wie der Frieder den Aufgeforderten wertete. Zu einem sagte er: »Bruder . . ., sei so gut und sage uns deine Gedanken« – solch einen Bruder schätzte er offensichtlich hoch. Zu einem andern sagte er dagegen: »Willst du auch etwas sagen?« Von ihm erwartete er, daß er entweder ablehne oder es kurz mache. Wo der Außenstehende keine Unterschiede erkennen konnte, bestanden feine Nuancen, auf welche der Eingeweihte sorgfältig achtete und nach denen er sich richtete.

Waren die Gäste mit Reden fertig, so hieß es: »Friederle, jetzt bist du dran, sag noch ein paar Gedanken, dann wollen wir Schluß machen.«

Der Friederle ließ sich Zeit. Eine Weile war es ganz still in der Stube. Die Sonne schien freundlich durch die Scheiben, eine Fliege summte hinten am Fenster, die Geranien leuchteten, die Menschen warteten in völliger Stille.

Unterdessen schien der Friederle das durchdacht zu haben, was er sagen wollte. Sein durchgeistigtes Gesicht neigte sich über den Text, er wiederholte ein paar Verse und redete nur kurz darüber, ergreifend in seiner Echtheit und schlichten Art. Mit Gesang und Gebet wurde die »Stunde« geschlossen.

Die auswärtigen Besucher wurden zu einem Imbiß eingeladen. Dabei kam bei gemütlicher Unterhaltung noch manches Gespräch zustande, oft gewürzt durch Berichte von Brüdern und Schwestern und deren Verhalten in besonderen Lebenslagen. Was einer der Anwesenden in Zusammenhang mit der damaligen Lebensmittelverknappung erzählte, prägte sich mir ein.

Eines Tages sagte ein Christ, der in dürftigen Verhältnissen lebte, zu seiner Frau: »Hör, es fehlt uns an allem. Hör, wir müssen den andern, die noch ärmer sind als wir, mehr zukommen lassen.«

»Aber Mann«, rief die Frau, »wenn es uns selber nicht reicht, wie können wir dann noch etwas hergeben?«

»Das ist es ja gerade! Ist unser Glaube echt und trauen wir den Verheißungen, so werden wir mehr bekommen, als wir verschenken!«

Sie darauf: »Mann, du kannst doch mit Gott kein Geschäft machen und sagen: ich gebe, damit Du doppelt gibst! Das ist doch unlauter!«

»O bewahr! Ich vertraue Ihm, daß Er unsere Lage genau kennt, ich schreibe Ihm nichts vor, ich überlasse alles Ihm, aber ich zeige darin meinen Glauben und meinen Gehorsam gegen sein Wort, indem ich mich des Bedürftigen in der Notzeit annehme: ›Wer kargt, wird ärmer!‹ heißt es irgendwo (Spr. 11, 24).

›Gebet, so wird euch gegeben! Ein voll, gedrückt, gerüttelt und überfließend Maß wird man in euren Schoß geben; denn eben mit dem Maß, mit dem ihr messet, wird man euch wieder messen.‹«

Zaghaft sagte die Frau: »Wenn du's so meinst, bin ich einig mit dir.«

»Ja, wie ist's ihm hinausgegangen?« fragte jemand voller Spannung.

»Genau, wie's in der vorhin genannten Stelle aus dem Lukas-Evangelium vorausgesagt ist. So etwas ist nicht ausgedacht, sondern durch tatsächliche Erfahrungen von Unzähligen erhärtet!«

Zwei unvergeßliche Wochen bei diesen gütigen Leuten, ihrer reichlichen und kräftigen Kost, inmitten der würzigen Schwarzwaldluft reichten vollauf, mich die Examenserschöpfung ganz vergessen zu lassen. Von neu gewonnener Kraft und frischer Unternehmungslust belebt, gedachte ich nun meinen eigentlichen Plan zu verwirklichen, nämlich den mittleren und südlichen Schwarzwald zu erwandern.

Wie bei der Ankunft wurden auch beim Abschied wenig Worte gemacht. Ich bedankte mich von Herzen. Der Frieder erwiderte nur: »Darfst wiederkommen.« Die Base packte einen Laib Brot in meinen Rucksack, tat ein großes Stück Rauchfleisch dazu und legte ein Säckchen mit gedörrtem Obst hinein. Auch mit dem Altknecht hatte ich gute Freundschaft geschlossen und bekam beim Scheiden von ihm eine Mark geschenkt. Der riesige Laib Bauernbrot ermöglichte mir zusätzliche Wandertage.

Jugendherbergen gab es im Schwarzwald noch nicht, und im zweiten Kriegsjahr 1915 weilten in den Kurorten nur wenig Gäste. Auf den Straßen war es einsam und still, ebenso begegnete mir auf den Waldwegen kaum jemand. So wanderte ich, besonders auf den Höhenwegen, oft stunden-, ja gelegentlich einen Tag lang, ohne einen Menschen zu sehen.

Um möglichst lange unterwegs sein zu können, mußte ich mit meiner Barschaft haushalten. So durfte ich mir kein Mittagessen und nur im Notfall eine Übernachtung in einem Gasthaus leisten. Zunächst hoffte ich, schlichtweg im Wald oder in einer Waldhütte zu übernachten.

Ohne Schlafsack, nur mit einem Lodenmantel versehen (Schlafsäcke gab es damals für unsereinen noch nicht), erwählte ich mir gleich in der ersten Nacht eine offene Schutzhütte auf einer luftigen Berghöhe als Nachtquartier. Auf der schmalen, durch Rundstäbe gebildeten Bank dieser Hütte versuchte ich mir ein Lager zu bereiten. Als Kissen mußte der Rucksack herhalten, der Lodenmantel als ungenügende Schlafdecke dienen.

Die ungewöhnliche Stille auf einsamer Höhe, der prachtvolle Sonnenuntergang, das damit verbundene Farbenspiel in den Wäldern, der Ausblick in verschwimmende Fernen – nie werde ich das vergessen können! Freilich, zunächst war an Schlaf nicht zu denken. Keineswegs frei von Angst hörte ich es mitunter im nächtlichen Ungewissen tappen, im Geäst knacken. Was ich von Eltern und Großeltern gelernt und stets geübt hatte, morgens und abends zu beten, das kam mir auch hier zustatten: Nach Gebet schlief ich ruhig ein und erwachte frisch und gestärkt, als es im Osten licht wurde. Daß ich empfindlich fror, achtete ich nicht sonderlich.

Künftig wollte ich doch lieber versuchen, bei Bauern im Heu unterzukommen. Die Suche nach einem gastlichen Bauernhaus brachte allerdings lange zusätzliche Wege mit sich und mitunter Enttäuschungen. Die Übernachtung im Heu kostete zwar meist nichts, aber gern nahm die Bäuerin tags darauf für einen Topf Milch, den sie mir zum Frühstück brachte, einige Groschen.

Eines der ersten Wanderziele war die alte Glashütte in Schönmünzach im Murgtal. Sie hatte den Dichter Wilhelm Hauff zu einem der schönsten Märchen in deutscher Sprache »Das kalte Herz« angeregt. Der Dichter hatte bei einem längeren Aufenthalt im Schwarzenberger Pfarrhaus die Glashütte an der Murg kennengelernt und war mit den Bewohnern der damals in den riesigen Wäldern eingeschlossenen kleinen Siedlung in engere Berührung gekommen.

Wie gewaltig, fast bedrückend, müssen jene Waldgebiete zu Wilhelm Hauffs Zeiten sowohl Einheimischen wie Fremden vorgekommen sein! Selbst heute im Zeitalter des Autotourismus erstrecken sich in dieser Gegend immer noch unabsehbare Wälder, die in ihrer ganzen Ausdehnung nur Forstleuten, Jägern und Holzhauern vertraut sind.

Obwohl nur ein Märchen, ist Hauffs Dichtung auch ein Abbild unserer Zeit, wo dem äußeren Wohlstand oft sogar der Glaube an den Herrn Jesus aufgeopfert wird. Da erinnert uns Jesu Wort: »Was hülfe es dem Menschen, wenn er die ganze Welt gewönne und nähme doch Schaden an seiner Seele?«

Nach einigem Suchen stieß ich auf ein altes, verkommenes Gebäude. »Das ist die Glashütte«, sagte man mir. Heute befindet sich auf ihrem Platz der schön angelegte Kurpark von Schönmünzach.

Je weiter ich nach Süden vordrang, desto großartigere Bilder der Schwarzwaldlandschaft taten sich vor mir auf. Immer wieder mußte ich stehenbleiben, um diesen oder jenen Blick durch Zeichnung auf Papier oder Karton festzuhalten.

Dann und wann stand eine kleine Kapelle oder ein Kruzifix am Weg, mitgenommen von Wind und Wetter und gerade dadurch von eindringlicher Wirkung.

Häufig sah ich Brunnen mit einem ausgehöhlten Baumstamm als Brunnentrog, eingebettet in Moos, Ginster oder anderen Blumen. Aus einer hölzernen Röhre floß klares Wasser, wunderbar im Geschmack, belebend und erfrischend!

Ein besonderes Erlebnis war es mir jedesmal, wenn ich einen der schon damals selten gewordenen großen stroh- oder schindelgedeckten Schwarzwaldhöfe entdeckte. Fast immer gesellte sich zu ihnen, oft unter Holunderbüschen versteckt, eine winzige Mühle unter einer dicken Strohhaube mit bemoostem Wasserrad, ein Backhäuslein und mitunter eine zierliche Kapelle.

Abends, wenn sich die Berge in blauen Dunst hüllten, wollte mich dann und wann leise Wehmut beschleichen. Lag ich müde im warmen Heu und hörte den Gesang einiger Mädchen, die irgendwo draußen saßen – die jungen Männer waren fast alle an der Front –, so überfiel mich unverstandenes Weh, bis ich in Schlaf sank.

Sobald aber die Morgensonne durch die Scheunenritzen schien, waren die Gefühlsanwandlungen vom Vorabend wie weggewischt. Mit neuer Entdeckerfreude machte ich mich auf den Weg. Was bedeuteten mir Steigungen, Unwegsamkeiten, Entfernungen! Ich stürmte vorwärts, als wollte ich die ganze Welt durchwandern.

Zweimal kam ich in ernstliche Not.

Hoch droben über St. Märgen lockte mich an einem heißen Tag nicht weit vom Weg entfernt ein kleiner Stauweiher, höchstens 20 Meter im Durchmesser und zwei bis drei Meter tief, den ein Bauer zum Antrieb seiner Mühle angelegt hatte. (Die kleinen Rinnsale hier oben hätten nicht ausgereicht, das Mühlrad in Gang zu halten.) Keinen Menschen sah ich in der Nähe. Müde vom Wandern in der Hitze kleidete ich mich aus. Ich wußte mich als guten Schwimmer und sprang hinein, ohne zu ahnen, daß ein solches Bergwasser auch im Sommer eiskalt war. Sogleich fühlte ich einen lähmungsartigen Krampf, versank, kam mit letzter Kraft wieder hoch, ergriff eine ins Wasser herabhängende Wurzel und konnte mich an ihr – freilich nur ganz allmählich und unter größter Anstrengung – herausarbeiten.

Zitternd und erschöpft lag ich lange Zeit am Ufer. Mein Körper wollte sich nur ganz allmählich erwärmen. Ich mußte lange warten, bis mein Herz wieder im gewohnten Rhythmus schlug und ich meinen Weg fortsetzen konnte.

Immer wieder fand ich am Weg ganze Flächen voll Blaubeeren, von denen ich aß und so mit meinem Rucksackproviant länger auskam. Manchmal, etwa auf dem Herzogenhorn, erreichten die Heidelbeeren die Größe kleiner Wildkirschen.

Einmal schlürfte ich eine Handvoll der unbeschreiblich süß schmeckenden Beeren in den Mund und sog dabei ein Blättchen mit ein, das sich unglücklicherweise wie eine Verschlußkappe vor die Luftröhre legte. Sofort war es unmöglich weiterzuatmen. Wild wälzte ich mich im Heidelbeergebüsch, wobei ich in wahnsinniger Todesangst mit Händen und Füßen um mich schlug. Ich hatte den Erstickungstod vor Augen und war am Verzweifeln. Da fühlte ich unversehens das Blättchen von meiner Luftröhre weggezogen. Befreit und überaus glücklich atmete ich auf. Ich konnte nicht anders: ich mußte niederknien und Gott innig danken als einer, der nun wußte, wie nahe der Tod sein kann.

Der Tod beschäftigte auch eine Frau, die mir ein Heulager bewilligt und mir sogar eine Decke gegeben hatte. Als ich am andern Morgen von meinen Gastgebern Abschied nehmen wollte, lud mich die Bäuerin zu einem Frühstück in die Wohnstube ein und setzte mir Milch, Brot und Honig vor. So erfreut ich darüber war, so sehr wunderte ich mich, denn die Frau wirkte bekümmert, niedergedrückt, fast schwermütig. Sie hieß mich tüchtig zugreifen, blieb aber regungslos am Fenster stehen und betrachtete mich unverwandt. Die Einsamkeit des Hauses, die Stille in der Stube, die wie ein Bildstock verharrende Frau – alles legte sich wie eine Last auf mich. Hastig aß und trank ich, um fortzukommen.

Plötzlich brach es aus der Frau heraus: »So groß wie du, nur ein bißl älter war mein Alois, und jetzt liegt er irgendwo in den Vogesen, von einer Granate zerrissen. Und ich, immer muß ich an ihn denken. Er war ja noch so jung und noch gar nicht vorbereitet. Was ist jetzt mit seiner ewigen Seele? Oh, wenn mir jemand darüber Bescheid geben könnte!«

Mir blieb der Bissen im Mund stecken. Welche Not einer Mutter stand riesengroß vor mir! Was sollte, was konnte ich darauf erwidern? Schließlich sagte ich: »Gott ist gnädig und barmherzig.«

Die Frau atmete auf, ihre Gesichtszüge entspannten sich zusehends. Als ich ging, blieb sie unter der Tür stehen und blickte mir nach, bis ich den Wald erreicht hatte.

Es gab auch heitere Erlebnisse. Einer der Vormittage war unerträglich heiß. Bisher hatte ich die Wirtshäuser am Weg gemieden, aber an diesem Tag überfiel mich unwiderstehliches Verlangen nach einem Becher kalter Milch oder wenigstens einer Flasche Sprudel. Da, hinter Tannen tauchte ein einsames Gasthaus mit dem seltsamen Namen »Zur Marderfalle« auf. Im Gastraum befand sich kein Mensch. Nach einiger Zeit schlurfte aus der Küche eine krumme, gebeugte alte Frau heraus und fragte unwirsch nach meinem Begehr. Milch sei nicht zu haben, Sprudel oder Limonade ebensowenig. Ich könne wählen zwischen Apfelmost und Bier, Brot dazu habe sie allerdings keins.

»Also ein Glas Most, bitte!« sagte ich.

Begierig ergriff ich ein vor mich hingestelltes Halbliterglas und trank dessen – freilich nicht gerade wohlschmeckenden Inhalt sehr schnell aus, bezahlte zwanzig Pfennige und verließ das ungastliche Wirtshaus.

Doch wie geschah mir plötzlich? Meine Knie schienen steif und schwer, die Schuhe wie mit Blei ausgefüllt zu sein. Allmählich wurde jeder Schritt zur unsäglichen Mühsal.

Überdies hatte sich der Himmel schwarz bezogen. Es donnerte. Nirgends ein Haus oder Dach. Einerlei!

Ich konnte einfach nicht mehr weitergehen. Auch der Rucksack schien allmählich so schwer, als seien Quadersteine hineingepackt. So warf ich mich kurzerhand unter eine einzelstehende mächtige Tanne mit tief herabhängenden dichten Zweigen.

»Von den Tannen eil von dannen!« Dieser – übrigens im Blick auf alle Bäume – beherzigenswerte Spruch, wenn man im Freien von einem Gewitter überrascht wird, kam mir noch warnend in den Sinn – aber im nächsten Augenblick hatte mich schon der Schlaf übermannt, mochten noch so grelle Blitze, gefolgt vom Krachen und Rollen der Donnerschläge, während des Schlafs wie von fernher in mein Unterbewußtsein dringen.

Als ich nach geraumer Zeit erwachte und mir die Augen rieb, sog ich den betörenden Duft des erfrischten Waldes ein. Wiesen und Wälder dampften, von den Zweigen tropfte es noch unablässig. Auf meinem trockenen, weichen Lager fühlte ich mich geborgen und wie neu geboren. Nur etwa zehn Meter entfernt verhielt ein Reh, schaute zu mir herüber und eilte dann in langen Fluchten dem schützenden Wald zu.

Nun war ich hellwach. Rasch stand ich auf und ging, von neuer Wanderfreude gepackt, ohne irgendwelche Müdigkeit mit beschwingten Schritten Richtung Süden. Ich kam zur alten Martinskapelle und nur einen Steinwurf von ihr entfernt an die Quelle der Breg, des längsten Quellflusses der Donau. Bald darauf erreichte ich den Gipfel des

Brend, der zu den schönsten Aussichtsbergen des mittleren Schwarzwalds gehört.

Etwas unterhalb schimmerte silbern das schindelgedeckte Dach eines behäbigen Hofs, gegen Weststürme durch mächtige Buchen geschützt. Um ihn weideten Kühe, deren Glockengeläut so recht in diese Landschaft paßte. Der Hof schaute in das gut 700 Meter tiefer liegende Simonswälder Tal hinab, über dem sich majestätisch der Kandel erhebt. Gegen Süden sah ich schöne alte Höfe auf Hochflächen, die von Waldstücken begrenzt waren, und in der Ferne den Feldberg als krönenden Abschluß, darüber den weiten besonnten Himmel und die wunderbaren Farben der Höhenluft.

Ich stand und schaute. Mir war, als hätte ich mein Paradies gefunden. Nicht nur meine Augen tranken »von dem goldnen Überfluß der Welt«, auch die Nase hatte Anteil; denn auf der Bergmatte dufteten feine Kräutlein, und zwischen ihnen wiegten sich die hohen goldenen Arnikablüten im leichten Sommerwind.

Schließlich riß ich mich los und wanderte etwa einen Kilometer weiter zu der sogenannten Rabenhöhe hinab. Am Weg standen hohe Stangen mit Täfelchen, auf denen die Schneehöhe in bestimmten Jahren – zwei Meter und mehr – verzeichnet war.

Die Schindeldächer dreier Höfe – sie sind heute verschwunden –, schön geschwungen und harmonisch zueinander passend, wollte ich sofort zeichnen. Während ich emsig damit beschäftigt war, kam ein Herr mit Sohn und zwei Töchtern, hielt an und beschaute sich meine Arbeit interessiert. Wie sich bald herausstellte, war die Familie aus Freiburg und verbrachte ihre Ferien im »Raben«, einem gemütlichen Gasthaus in der Nähe.

Der Herr lud mich überraschend ein, dorthin mitzukommen, wo er mich zwei Tage und zwei Nächte freihielt – eine außergewöhnliche Fügung. Das tat mir wunderbar gut. In dem Landgerichtsrat Oster hatte ich hier den ersten Menschen gefunden, der spontan überzeugt war, daß ich Maler werden sollte, und der dies, nachdem ich einige Male in Freiburg sein Gast war, meinem Vater eindringlich ans Herz gelegt hat. Das Bild dieser Familie verschmilzt in meiner Erinnerung mit dem Ersterlebnis des Brend zu einem Gesamt göttlicher Schöpfungsherrlichkeit, Liebe und Fürsorge sowie menschlicher Güte.

Beim Weiterwandern rückte meinen erwartungsvollen Blicken das mächtige, alle bisherigen Gipfel überhöhende Feldbergmassiv immer näher. Die Weißtannenhöhe war erreicht. Schön färbte die über dem Höllental untergehende Sonne den von Gewitterwolken bedrohten Abendhimmel in vielfältigen Farbschattierungen – vom grellen Gelb über leuchtendes Rot bis zum geheimnisvollen Dunkelviolett. Die »goldene Stadt«, so wie sie mir der Vater geschildert hatte, schien sich vor meinen staunenden Augen in überwältigender Pracht aufzutun – freilich nur für kurze Augenblicke. Die Sonne sank, alle Farben wurden matt und stumpf, und das Dunkel der Wälder ringsum trat bedrohend hervor.

Es war hohe Zeit, aufzubrechen und nach einem Nachtlager zu suchen. Doch wo ich heute vorsprach, erfuhr ich Abweisung. Manche einleuchtende Gründe bekam ich zu hören, wie »Das Heu ist noch ganz frisch« oder »Durch nächtigende Landstreicher sind immer wieder Scheunenbrände entstanden«. Niedergeschlagen und todmüde nach all dem Erlebten schritt ich von einem der weit voneinander entfernten Höfe zum andern. Inzwischen dunkelte es stark, der Himmel hatte sich schwarz bezogen, und jeden Augenblick konnte es anfangen zu regnen.

Meine Bitte an der Tür eines alleinstehenden, im übrigen freundlich anmutenden Bauernhauses muß wohl ziemlich verzagt geklungen haben; denn die Bäuerin, eine rundliche, gutmütig wirkende Erscheinung, sah nach den üblichen ablehnenden Worten mir nochmals aufmerksam ins Gesicht und meinte schließlich: »Der Bauer erlaubt zwar nicht, daß jemand im Heu schläft. Aber ich habe eine Kammer frei, und für fünfzig Pfennig bekommst du ein richtiges Bett.«

Erleichtert, endlich am Ziel zu sein, willigte ich mit Freuden ein. Zwar erwies sich der Raum als recht eng, zudem war er mit Kleiderschränken verstellt. Doch was hatte dies schon zu besagen! In kurzer Zeit durfte ich die müden Glieder in einem Bett ausstrecken.

Früh weckte mich nach traumlosem Schlaf die Sonne. Aber heute dachte ich keineswegs daran, sogleich aufzustehen. Wohlig genoß ich noch eine kleine Weile das bequeme Lager. In einem Bett hatte ich, außer im Rabengasthaus, seit Martinsmoos nicht mehr geschlafen, und auch in den kommenden Nächten würde ich bestenfalls wieder in Scheunen unterkommen.

Da – ein leises Knarren ließ mich den Blick wenden. Im Türrahmen stand, vom Morgenlicht umspielt, ein Mädchen im Unterkleid. Zugleich drang der kräftige Duft einer wohlriechenden Seife zu mir.

Die Augen des vermeintlichen Schläfers geöffnet zu sehen, blitzartig herzuspringen, mit kräftigem Griff das Kissen unter seinem Kopf wegzureißen und es ihm sogleich auf das Gesicht zu drücken, war für das Mädchen das Werk eines Augenblicks. Hierauf sagte sie in anmutigstem alemannischen Dialekt: »Ich hab' gedacht, du würdest noch schlafen. Sobald ich mein Kleid angezogen habe, nehme ich das Kissen wieder weg.«

Ich wagte nicht, mich zu rühren, vernahm aber das geräuschvolle Öffnen eines Schranks, das Rascheln von Stoff und Seide. Dann – das Kissen wurde weggezogen, von der rechten Hand des Mädchens fühlte ich meinen Kopf hochgehoben und von ihrer Linken das Kissen unter ihn geschoben.

So rasch dies auch ging – ein paar Herzschläge lang verweilte das reizende Mädchengesicht ganz nah über dem meinen, betrachtete mich mit schelmischem Lächeln – und fort war sie.

Beim mühevollen Aufstieg zum Feldberg-Gipfel erfüllte mich besondere Erwartung. Nach dem letzten steilen Anstieg auf baumlosem, nur mit kümmerlichem Gras bewachsenen Hang stand ich mit eigenartigem Empfinden innerer Ergriffenheit auf der höchsten Erhebung des Schwarzwalds.

Ein außergewöhnlicher Fernblick an diesem Tag bis hin zur Alpenkette, die in plastischer Deutlichkeit und Majestät sichtbar war, überwältigte mich geradezu. Weit und breit zeigte sich keine Menschenseele, auch kein Laut der Natur störte in dieser Gipfelregion.

Zögernd nur trennte ich mich von diesem einmaligen Erlebnis und stieg zum Stübenwasen ab. Dort geriet ich plötzlich in dichten Nebel. Von irgendwoher vernahm ich Glocken weidender Kühe. Aus dem Ungewissen tauchte bisweilen eine gespenstische Gestalt auf und drohte mir den Weg zu verstellen. Beim Näherkommen entpuppte sie sich etwa als eine Wetterbuche mit dickem Stamm und bizarrem Geäst.

Da, mit einemmal teilte sich der Nebelvorhang, und aufs neue öffnete sich mir völlig unvermittelt eine Fernsicht über unzählige Bergkuppen, deren oberste Konturen hoch aus den Nebelfeldern herausragten.

Es war schon spät am Abend, als ich das vom Schwarzwaldführer für Touristen warm empfohlene Gasthaus »Zum Notschrei« auf der Paßhöhe zwischen Dreisam- und Wiesental erreicht hatte. Allerdings erhob sich kurz vor dem Ziel ein mächtiger Sturm, der die Tannenwipfel gewaltig hin- und herwiegte. Es dunkelte zusehends. Von der Karte wußte ich, daß hier weit und breit kein Bauernhaus zu finden war, und hatte mich deshalb ausnahmsweise zu einer Übernachtung in diesem Gasthaus entschlossen.

Jetzt war es aber an mir, einen »Notschrei« auszustoßen; denn das Gasthaus fand ich verlassen und seine Fenster mit Brettern vernagelt. Im Wind schwankte ein Schild, auf dem in ungelenker Schrift stand: »Geschlossen. Inhaber zum Heer eingezogen.« Keine Spur von menschlichem Leben, wohin ich auch blickte. Dafür dehnten sich kilometerlange Wälder, bevor ein Rasthaus oder nach steilem Abstieg in eines der tief eingeschnittenen Täler eine menschliche Behausung in Aussicht standen.

Betroffen setzte ich mich an den Weg und zog meine Karte zu Rate. Erst als ich in unverkennbarem Frankfurter Dialekt angesprochen wurde, bemerkte ich einen gut gekleideten Touristen, der offenbar auch hier unterkommen wollte. Rasch verwandelte sich mein erster Schrecken bei dieser unvermuteten Anrede in Freude, daß ich in dieser Einsamkeit einen Wandergefährten gefunden hatte.

Der Fremde stellte sich als Ingenieur vor. Wegen seines kriegswichtigen Berufs sei er nicht eingezogen worden und verbringe seinen Urlaub als leidenschaftlicher »Wandervogel« in ähnlicher Weise, wie dies offenbar bei mir der Fall sei. Übrigens kenne er ein hübsches Gasthaus in dem nicht allzuweit entfernten Muggenbrunn. Ob ich ihn nicht dorthin begleiten wolle?

Gerade, als ich ihm versichern wollte, daß mir seine Frage höchst gelegen komme, zerriß ein greller Blitz die Dunkelheit, ein dröhnender Donnerschlag folgte – und wir beide rannten los und kamen bald, dampfend vor Nässe, nach Muggenbrunn ins Gasthaus »Zur fröhlichen Einkehr«. Außer der einsamen Junglehrerin des Dorfes fanden wir im Speisezimmer nur die Wirtin vor, die uns bereitwillig aufnahm.

»Jetzt während des Kriegs will niemand zu uns auf Urlaub kommen«, sagte die Wirtin gutmütig und erregte in mir ein nachdenkliches Mitgefühl für die Frau, die wohl vor allem auf die Einnahmen durch Touristen und Pensionsgäste angewiesen war.

Meine mitleidigen Empfindungen erfuhren bald einen merklichen Dämpfer, als ich gewahr wurde, daß die Frau Wirtin auf Wunsch meines Wandergenossen, der hinter seinem aufwendigen Äußeren vermutlich eine gutgefüllte Brieftasche hatte, in freudigster Bereitwilligkeit auffahren ließ, was Küche und Keller nur bieten konnten, darunter Leckerbissen, die ich zu Hause selbst in besten Friedenszeiten niemals zu Gesicht bekommen hatte. Dabei schien es ganz selbstverständlich zu sein, daß ich keineswegs geringer bedacht wurde als der Herr Ingenieur, der sich mit kräftigem Appetit über das vorgesetzte Festmahl hermachte.

Ängstlich zögerte ich, ebenfalls zuzugreifen. Vor mir das üppige Mahl – in meinem schmalen Beutel die kleine, zusammengeschrumpfte Barschaft.

Was hielt mich wohl davon ab, die von mir gar nicht bestellten Genüsse zurückzuweisen oder mich wenigstens vorsorglich nach dem Preis für Essen und Übernachtung zu erkundigen? War es knabenhafter Stolz oder auch Schüchternheit, die mir den Mund verschlossen? Oder rechnete meine hierin noch kindlich vertrauende Vorstellungswelt mit der mir bisher gewohnten Fürsorge Älterer auch jetzt und hier? Selbst ein weniger geschulter Blick als der jener Wirtin mußte ja längst erkannt haben, daß von einem solch bescheiden bekleideten wandernden Schüler wie mir kaum viel zu holen war. Womöglich hätte die Frau auf meine Rückfrage hin ein mitfühlend-mütterliches Herz für mich entdeckt und sich mit einer geringen Abfindung von mir begnügt?

Vielleicht sogar hätte der mit Geldsorgen offenkundig nicht belastete Ingenieur seinen Wandergefährten großzügig freigehalten, zumal er mir recht gern angeboten hatte, mich vom »Notschrei« nach hier zu führen?

Aber ich schämte mich zu sagen, daß ich nur noch wenig Geld hatte, und ließ den Dingen ihren Lauf. Mit Unbehagen würgte ich die köstlich zubereitete Forelle hinunter und vertilgte mit schlechtem Gewissen den herrlich duftenden Eierkuchen. Mit noch schlechterem Gewissen zog ich mich bald zurück und legte mich in dem bestens ausgestatteten geräumigen Gastzimmer zu Bett. Mein überfüllter und solche Genüsse nicht gewohnter Magen drückte, und ich hörte noch lange, wie sich der Herr Ingenieur aus Frankfurt mit jener Lehrerin samt der Wirtin bei ein paar Flaschen – gewiß vom besten – einen unbeschwert fröhlichen Abend machte.

Tief bedrückt fiel mir ein, was mein Vater oft und eindringlich erzählt hatte: die Geschichte vom »Verlorenen Sohn«, der das ihm von seinem Vater anvertraute Gut verpraßt hatte und schließlich froh sein mußte, sich in der Fremde als Schweinehirt notdürftig am Leben zu erhalten. Dabei wußte dieser Vater immerhin, daß sein Sohn »ferne über Land zog«, während ich meinem Vater – freilich aus gutem Grund – den Plan meiner abenteuerlichen Wanderung verschwiegen hatte. Mußte ich nicht in jedem Fall gleich morgen früh wie der verlorene Sohn »mich aufmachen und zu meinem Vater« zurückkehren?

Bei solchen Gedanken fiel ich in einen kurzen unruhigen Schlaf. Lange vor meinem Wandergefährten stand ich auf, sobald ich in der Frühe die Wirtin unter mir vernahm. Als erstes wollte ich meine Zeche bezahlen. Im Vergleich zum Wert der Mahlzeit und des Quartiers erschien mir der Betrag zwar keinesfalls zu hoch, doch blieben mir nur ganze drei Mark übrig. Ich bezahlte, wagte nicht, um ein Frühstück zu bitten, schulterte meinen Rucksack und trat in die kühle Morgenluft hinaus.

Nach Hause mochten es 200 Kilometer sein, zudem reichte das mir verbliebene Geld zu einer Fahrkarte nicht einmal dann, wenn ich bis zu dem weit entfernten Bahnhof Titisee zurückwanderte. Auf der andern Seite des Tals schlängelte sich der Weg zum Belchen empor, dem zweithöchsten, aber schönsten der Schwarzwaldberge.

Was sollte ich tun? In der Mitte des Dorfes erblickte ich einen Brunnen mit quellfrischem Wasser. Davon trank ich und aß die Hälfte des letzten Brotkantens aus meinem Rucksack. Dann entschloß ich mich in übermächtiger Aufwallung verzweifelten Trotzes, alles zu wagen. Den Belchen mußte ich sehen.

Überwältigt von der einzigartigen Aussicht, freilich auch von erneutem Hunger geplagt, saß ich einige Stunden später auf dem Gipfel dieses Bergriesen und nahm den Ausblick nach allen vier Himmelsrichtungen in mich auf.

Eine kleine Wandergruppe junger Mädchen, wohl aus dem tief drunten liegenden Städtchen Schönau, verweilte nicht weit von mir. Wehmütige Lieder, mit Laute begleitet, tönten herüber. Weh wollte es auch mir werden, denn nun hatte ich das letzte, schönste Ziel im Schwarzwald erreicht! Jetzt hieß es den Heimweg antreten – und dies ohne Nahrung und ohne Geld.

Erschöpft gelangte ich am späten Abend in das Dörflein Wieden tief im Tal. Dort fand ich eine mitleidige Bäuerin, die mir für 50 Pfennig ein Lager im Heu, einen Topf Milch und am andern Morgen noch ein Stück Brot dazu gab.

Nun hatte ich den steilen Weg hinauf zum Feldberg zu bewältigen und von da die weite Strecke hinab zum Titisee. Ein strahlend schöner Sonntag war angebrochen, aber mir kam der lange Aufstieg endlos vor. Die Freude, die mich bei meiner ersten Feldbergbesteigung vor zwei Tagen erfüllte, war jetzt wie weggeblasen.

Als ich endlich den Gipfel erreichte, war die Fernsicht durch Dunst erheblich eingeschränkt. Die brütende Hitze am Vormittag hatte sich selbst hier oben kaum gemildert. Viele Wandergruppen, die fast nur aus Frauen und Mädchen, darunter Studentinnen aus Freiburg, oder älteren Männern bestanden, belebten den Gipfel, und von der erhabenen Stille bei meinem ersten Besuch hier war nichts mehr zu spüren. Das muntere Treiben und farbenfrohe Bild der Kommenden und Gehenden bedrückte mich, weil es mir mein Alleinsein, meinen Hunger und meine Erschöpfung erst recht bewußt machte.

Da, plötzlich kam mir eine rettende Idee. Ich hatte doch einen Block schönen Zeichenkarton im Postkartenformat in meiner Rucksacktasche mitgeführt und darauf unterwegs viele Skizzen nach Schwarzwaldmotiven gezeichnet. Das war die Rettung: ich verkaufe die Karten und komme dadurch zu Geld!

An vielen Stellen im Schwarzwald wurden Postkarten angeboten und gekauft – warum eigentlich nicht auch die meinen? Allerdings hatte ich keine Ahnung, wie man Waren geschickt anbietet. Dazu kam die natürliche Hemmung, meine eigenen Werklein zum Verkauf anzupreisen, zumal ich ihren Kunstwert nicht beurteilen konnte – ob sie überhaupt einen hatten?

(Im Bildteil dieses Buches befinden sich einige Zeichnungen, die nach meinen damaligen Skizzen gefertigt wurden. Sie halten Erinnerungen an vergangene Schönheit der Landschaft oder an nicht mehr bestehende Baulichkeiten im Bild fest.)

Schließlich mußte ich ja einmal mit dem Verkauf beginnen. Im Vorübergehen betrachtete ich ein Mädchen, dann eine Dame – nein, beide würden mir sicher nichts abnehmen, dachte ich. Doch jetzt, die ältere freundliche Frau dort drüben, vielleicht . . .? Ich ging einige zaghafte Schritte auf sie zu. Doch in diesem Augenblick wandte sie sich von mir ab, um ein Gespräch mit ihren Begleiterinnen anzufangen. Da durfte ich doch nicht hineinplatzen!

Das Landesexamen erschien mir plötzlich als Kleinigkeit gegenüber diesem ersten Verkaufsvorhaben eines freien Kaufmanns.

Endlich gelang es mir, ein junges Mädchen, vermutlich eine Studentin, anzusprechen. Sie betrachtete die Zeichnungen nicht unfreundlich. Dann fragte sie mich überraschend: »Für welchen guten Zweck soll es denn sein?«

Jäh kam es mir peinlich zu Bewußtsein, daß es jetzt im Krieg eigentlich ungehörig war, für etwas anderes als für einen »guten Zweck« Geld zu sammeln. Ein anderer an meiner Stelle hätte vielleicht geschickt geantwortet: »Ich sammle für notleidende Künstler.« Dabei wäre er von der Wahrheit nicht einmal weit entfernt gewesen. Aber ich brachte nur stotternd heraus: »Es ist für mich.«

»Wir geben nur für gute Zwecke«, antwortete das Mädchen ganz knapp in norddeutschem Tonfall, deshalb klang es für meine Ohren schärfer, als es wohl gemeint war.

Für eine gute Weile traute ich mich an niemanden mehr heran und schritt, müde und hoffnungslos, meines Wegs dahin.

Vom Hotel »Feldberger Hof« her kam mir eine weißhaarige, vornehm gekleidete ältere Dame entgegen mit einem Kind an der Hand. Ich faßte mir ein Herz, hielt schüchtern meine Karten in der Hand und fragte, ob die Dame vielleicht die eine oder andere kaufen möchte.

Sie besah sich die Karten, besah den jungen in etwas mitgenommenem Aufzug vor ihr stehenden »Künstler«, nestelte an ihrer Handtasche, legte mir ein Fünf-Mark-Stück in die Hand, lächelte mich an und schritt, ohne ein Wort zu sagen, weiter.

Eine Fahrkarte von Titisee nach Stuttgart kostete damals genau fünf Mark. Die Heimfahrt war also gesichert, und zweieinhalb Mark befanden sich noch in meinem Geldbeutel. Schlagartig erschien mir die ganze Welt wie verwandelt. Ich hätte der Dame nacheilen und sie umarmen mögen, aber sie war bereits ein Stück weitergegangen.

Sofort gönnte ich mir einen Teller Suppe und machte mich, fürs erste neu gestärkt, auf den weiten Abstieg nach Titisee. Zwar erwachte der Hunger jetzt erst recht, aber er konnte meiner neu gewonnenen Zuversicht nichts mehr anhaben. Während ich zu Tal eilte, entwarf ich schon wieder Pläne. Vor allem wollte ich nach dieser unerwartet günstigen Fügung nicht direkt nach Hause fahren, sondern mir über Donaueschingen mit der Schwarzwaldbahn einen Abstecher ins Gutachtal leisten. Über diese Wunderbahn hatte ich im Schwarzwaldführer Erstaunliches gelesen. Außerdem hatte ich unterwegs ein Plakat gesehen, das auf eine Gemäldeausstellung im Haus des vor kurzem verstorbenen berühmten Gutacher Schwarzwaldmalers Professor Hasemann hinwies. Diese Ausstellung wollte ich unbedingt sehen.

Als ich am späten Nachmittag den Bahnhof Titisee erreichte, stellte ich zu meiner Freude fest, daß noch eine Zugverbindung nach Gutach bestand. Wenn die Schwarzwaldbahn selbst dem verwöhnten Reisenden von heute noch immer Überraschungen zu bieten vermag, so gestaltete sich für mich erlebnisdurstigen Jungen die erste Fahrt mit ihr zu einem aufregenden, großen Ereignis.

Als der Zug St. Georgen erreichte, lag die Landschaft schon im Schein der untergehenden Sonne. Nun führte die Bahnlinie talabwärts durch einige Tunnels in langen Kehren nach Triberg. Gelegentlich schnaufte, von zwei mächtigen Lokomotiven gezogen, ein Gegenzug die Steige hinauf. Die Maschinen stießen Dampfsäulen in die Luft, schrille Pfiffe ertönten, und im nächsten Augenblick verschwand der Zug im gähnenden Loch eines Tunnels.

Nach dem ersten Tunnel blickte ich in ein tief eingeschnittenes Tal, das in violetten Abendfarben schimmerte. Als der Zug aus dem nächsten Tunnel herauskam, wurden meine Augen durch eine völlig andersartige Landschaft gefesselt, die wegen ihrer Verschiedenheit von der vorigen scheinbar weit entfernt war. Ein wunderschöner schindelgedeckter Schwarzwaldhof lag friedlich auf grüner Matte im Abendschein. Daneben stand eine kleine Kapelle, von einer hohen Esche beschattet. Das melodische Glockengeläute weidender Kühe drang für einen Augenblick an mein Ohr. Dann ertönte der nächste Pfiff, und die dritte Tunneleinfahrt entzog mir den lieblichen Ausblick. Schließlich fuhr der Zug durch ein enges, düsteres Waldtal, das Gutachtal bei Triberg, in dem bereits die Schatten der Nacht dunkelten.

Es war schon ziemlich finster, als ich in Gutach ankam. Die starken Eindrücke der Fahrt hatten mich meinen Hunger vergessen lassen. Nun meldete er sich erneut mit grimmiger Macht, so daß mir fast übel wurde. Trotzdem dachte ich nicht daran, ein Gasthaus aufzusuchen; denn das wenige Geld, das ich noch hatte, sollte für die Heimfahrt reichen. So trank ich, wie so oft in diesen Tagen, aus einem Brunnen frisches Quellwasser und beruhigte damit für kurze Zeit den knurrenden Magen.

Ziellos stapfte ich durch die Nacht und erblickte am Gutach-Flüßchen etwas abseits der Straße eine kleine Mühle mit einem riesengroßen Wasserrad. Ihr Walmdach hing, dem Fluß zugewandt, weit über. Darunter lag reichlich Heu und Stroh, womit ich mir kurzerhand ein trockenes, warmes Lager bereitete. Gegen die Straße völlig gedeckt, auch gegen den inzwischen einsetzenden Regen geschützt, schlief ich auf dem schmalen Streifen zwischen Mühle und Wasserlauf rasch ein.

Früh in der Morgendämmerung erwachte ich; denn die empfindliche Kühle ließ mich frösteln, und der Hunger war groß. Der Regen hatte aufgehört.

O freudige Entdeckung! – gleich hinter der Mühle stand ein Apfelbaum, vollbeladen mit Früchten, von denen viele auf dem Boden lagen. Sie schmeckten unbeschreiblich gut. Mühle und Baum verbargen mich hinreichend vor den Blicken anderer, so nahm ich ein erfrischendes Morgenbad in dem schimmernden Flüßchen, das sich munter zwischen großen rundgeschliffenen Felsblöcken hindurchzwängte.

Als ich mich sorgfältig zurechtgemacht hatte, wanderte ich ein Stück in das liebliche Tal hinaus, denn für den Besuch der Ausstellung war es noch zu früh.

Leider ist das einmalige Dorfbild Gutachs mit seinen herrlichen Schwarzwaldhäusern nicht mehr erhalten. Diesen Höfen in der typischen Schwarzwälder Bauweise verdankte das ganze Tal einst seine Prägung. Dazu trug nicht zuletzt die Tracht seiner Bewohner bei, die als eine der schönsten Süddeutschlands angesprochen werden darf. Was Wunder, wenn sich viele Maler zu dieser Gegend hingezogen fühlten. Wäre der alte Stil dieses Tals gewahrt geblieben, so besäße man hier noch heute eine Kulturlandschaft von einzigartigem Wert. Zu spät!

Das Heim Hasemanns war im besten Schwarzwaldstil erbaut. Etwa um 10 Uhr läutete ich an der Haustür. Kurz darauf stand ich im Atelier des Malers, betrachtete Gemälde von ihm in verschiedener Größe, seine Zeichnungen und Studien. Gelegentlich schaute ich durch das große Atelierfenster talabwärts und empor zum Brandenkopf, der aus fast tausend Meter Höhe hochmütig nach Gutach herunterblickt.

Immer stärker wurde ich vom Geist und der Persönlichkeit dieses Künstlers ergriffen, dessen Grabkreuz die Inschrift trägt: »Seine Kunst war Schönheit, sein Wesen Güte.« Seine Witwe, Frau Hasemann, ließ mich längere Zeit allein, freute sich aber offensichtlich über mein sachverständiges Interesse für die Kunst ihres Mannes.

Nach einiger Zeit trug sie eine Schale mit süßen Birnen und einer Schnitte Brot auf, Herrlichkeiten, die ich mir mit großem Appetit, besser gesagt mit Heißhunger schmecken ließ. Dabei berichtete die Künstlergattin von ihren Anfangsschwierigkeiten, als sie in das Tal gezogen waren, bis die ersten Verkäufe, besonders an interessierte Amerikaner, Erleichterung brachten. Danach konnten viele Gemälde nach den USA verkauft werden, aber auch in Deutschland fanden sich je länger, je mehr Käufer.

Ich ahnte damals nicht, daß mein eigener künstlerischer Werdegang gerade in dieser Hinsicht viele Parallelen aufweisen würde; denn ich machte in späteren Notzeiten mit amerikanischen Verehrern meiner Kunst dieselbe Erfahrung.

An das hohe Atelier war eine Nische angebaut, die der niedrigen Schwarzwaldstube eines kleinen Ausdinghauses genau nachgebildet war. Alte Bauernehepaare zogen sich früher in ein solches Ausdinghaus zurück, wenn sie den Hof in junge Hände übergeben hatten. Vor einer behaglichen Eckbank stand der altertümlich wirkende Tisch. Altes Gerät belebte hier und dort den heimeligen, von kleinen, tief in die dicken Wände eingelassenen Fenstern erhellten Raum. Das Ganze atmete ein Stück alter unverfälschter Schwarzwaldkultur.

Von all diesen Eindrücken meinte ich mich kaum trennen zu können. Endlich brachte ich es aber doch fertig, aufzustehen und mich zu verabschieden.

Erst jetzt fiel mir ein, daß der Schwager Hasemanns, Professor Curt Liebich, ebenfalls eine Ausstellung eigener Werke in seinem wenige Minuten entfernten Haus angekündigt hatte.

Im Gegensatz zu dem Schwarzwaldhaus Hasemanns bewohnte Liebich eine für damalige Zeit moderne Villa neben einer Fabrik, die vermutlich der Fabrikant ursprünglich für sich gebaut und später an den Maler verkauft hatte.

Dank ihrer hohen Fenster konnten Gemälde in den Räumen der Villa sehr wirksam aufgehängt werden.

Ich spürte sofort: Hasemann verstand es, seine Darstellungen der Gutacher Landschaft und ihrer Bewohner mit einem Hauch poetischer Verklärung in sonntäglicher Stimmung und zartem Schimmer zeitloser Schönheit zu malen. Liebich malte die gleiche Landschaft, die gleichen Menschen, großartig, aber realistisch, naturgetreu, mit unglaublicher Fähigkeit auch für das kleinste Detail, erreichte aber nicht die Meisterschaft seines Schwagers.

Ich schaute und schaute – Hunger oder Müdigkeit merkte ich nicht. Mit unwiderstehlicher Macht wurde mir hier wie eine Berufung bewußt, Maler zu werden. –

Als ich wieder daheim war, erzählte ich meinem Vater begeistert von den beiden Kunstausstellungen und versuchte ihm begreiflich zu machen, daß ich ein Maler wie Hasemann und Liebich werden möchte.

Als ich geendet hatte, blickte er mich mit seinen großen Augen eine gute Weile durchdringend an, sagte aber kein Wort. Schon wollte ich aufs neue ansetzen und darlegen...

Da erwiderte er: »Dein Weg ist klar vorgezeichnet! Nachdem du das Landesexamen bestanden hast, gilt es in Maulbronn und später in Blaubeuren tüchtig zu lernen, das Abitur zu machen, und danach wird man weitersehen. Jetzt im Krieg gibt es sowieso keine andere Möglichkeit.«

Mein Vater machte nie viele Worte. Für ihn stand fest, daß ich Pfarrer werden sollte und werden würde. Ich wußte, daß die Berufsfrage hiermit erledigt war.

An der Pforte des Todes

Die Maulbronner Klosteranlage ist einzig in ihrer Schönheit. Das dortige Seminar gilt zu Recht als hervorragendes Gymnasium, zumal der damalige Ephorus (Oberstudiendirektor) Mettler ein vorzüglicher Pädagoge und gütiger Mensch war. Er erlaubte mir, in einem der Klavierübungszimmer eine Staffelei aufzustellen und dort an Sonntagen oder während der Freistunden zu malen.

Hätte ich Pfarrer werden wollen, so konnte ich mir die Vorkenntnisse zum üblichen Theologiestudium kaum irgendwo besser als hier und anschließend in Blaubeuren aneignen. Aber ein Erlebnis beim Tod meiner Mutter etwa eineinhalb Jahre vor dem Eintritt ins Maulbronner Seminar hatte sich so tief in mein Bewußtsein eingegraben, daß es mir für meine Berufswahl bedeutsam war. Es ist mit der Erinnerung an meine unvergeßliche Mutter verbunden.

Quicklebendig, überaus fröhlich als Mädchen, warmherzig und gütig nach ihrer Verheiratung, der Sonnenschein nicht nur für meinen ernst gestimmten Vater und ihre fünf Kinder, sondern darüber hinaus für einen großen Kreis von Menschen verschiedenster Wesensart – das war meine Mutter. Aber ihr Herz – man wußte es lange nicht – war den vielen Aufgaben nicht gewachsen. Etwa seit meinem achten Lebensjahr begann die Mutter zu kränkeln und wurde schließlich schwer leidend. Wochenlang war sie bald hier, bald dort zur Erholung im Schwarzwald oder lag sie im Krankenhaus. Kam sie zurück zu uns, so schien das alte Glück wieder mit ihr einzuziehen, aber bald folgten Rückschläge, schließlich konnte sie nicht mehr aufstehen, sondern lag daheim in ihrem Bett, und wir durften sie nur ein- oder zweimal am Tag ganz kurz besuchen.

Als ich an einem trüben Novembertag von der Schule kam, wurde ich – was sonst nie vorkam – an der Haustür von Vater erwartet.

»Was ist?« fragte ich unwillkürlich.

Statt einer Antwort ergriff Vater meine Hand – wie seltsam – und führte mich schweigend ins Schlafzimmer an das Bett der Mutter.

Stets hatte Mutter sofort zu mir hergeschaut, wenn ich ins Zimmer getreten war. Jetzt lag ihr Kopf unbeweglich, die Augen waren geschlossen, von tiefen Schatten umrandet. Dann sah ich ihre Hände – fahrig, ruhelos huschten sie über der Bettdecke hin und her, als wollten sie etwas greifen oder erhaschen und konnten es nicht fassen.

Ich stand wie gelähmt, keines Gedankens fähig. Meine Ohren hörten, daß Vater etwas sagte, aber mein Verstand faßte seine Worte nicht. Erst nach einer Weile löste sich etwas in mir, ich konnte wieder atmen und begreifen, was Vater vielleicht zum drittenmal mit einer nie von ihm gehörten Stimme wiederholte: »Mutter stirbt.«

Mehr sagte er nicht. Oder sagte er doch noch etwas? Ich weiß es nicht; denn plötzlich erkannte ich die tödliche Gefahr, der die Mutter hilflos ausgeliefert war. Jäh riß ich mich von der Hand des Vaters los, rannte in das hinterste Zimmer, warf mich auf die Knie und betete mit aller Inbrunst, voller Entsetzen und Angst, aber auch Hoffnung, Gott wolle ein Wunder tun.

»Wieviel Wunder stehen in der Bibel!« rief ich verzweifelt. Wie oft wurde in Gottesdiensten und Gemeinschaftsstunden von solchen Wundern gesprochen! Wie gläubig und froh hatte ich sie aufgenommen. Nun konnte ja Gott, so meinte ich, auch hier ein Wunder tun und die Mutter zum Leben zurückrufen. Das mußte ihm doch ein Kleines sein! Ich bat, ich flehte, ich wollte wie Jakob mit Gott ringen und nicht von den Knien aufstehen, bis er mich erhört.

Da, unerwartet hieß es in mir: »Du mußt ein Opfer bringen! Anders wird Gott dich nicht erhören.«

Welches Opfer aber könnte groß genug sein, um ihn umzustimmen?

Mit einemmal kam es mir, und sofort rief ich: »Also gelobe ich, Pfarrer zu werden, weil die Eltern und vor allem Mutter das wollen. Ich bringe meinen Lebenswunsch, Künstler zu werden, zum Opfer.«

Während ich das laut gelobte, erschrak ich über mich selbst. Es war mir geradezu unheimlich, daß ich das ausgesprochen, ja laut gelobt hatte. Es kam mir vor, als hätte ich mit meinem Berufswunsch mich selbst geopfert aus Liebe zur Mutter im Glauben an Gott, daß er sie noch am Leben läßt. Nun würde Gott nicht anders können – so meinte ich –, und das erflehte Wunder tun.

Siegesgewiß und glücklich über mein Opfer stand ich auf. Zugleich aber war ich bis ins Innerste aufgewühlt über die Folgen; denn ich betrachtete mein Versprechen als einen heiligen Schwur, der unbedingt gehalten werden mußte.

Aber für den Augenblick trat alles zurück hinter der Gewißheit, daß mein Opfer die Erdenzeit der geliebten Mutter verlängert habe. Fast froh aß ich ein paar Bissen und ging dann wieder zur Schule. Vater und Geschwister mögen sich vielleicht gewundert haben, daß ich so unbeschwert zur Schule wegging. Aber sie konnten ja nicht ahnen, daß ich mit Gott um das Leben der Mutter gerungen hatte und des Erfolges gewiß war. Ich wollte nie und nimmer davon reden, und Mutter würde überglücklich sein, wenn sie in späteren Jahren unter irgendeiner Kanzel säße und ihren Sohn predigen hörte...

Ausgerechnet heute war Zeichenunterricht. Das bereitete mir einerseits Freude, andererseits wurde es mir aber schwer, denn eigentlich – so dachte ich – müßte ich schon jetzt mit aller Kunstausübung Schluß machen.

Seltsam, der Zeichenlehrer gab mir ein Blatt, das ich abzeichnen sollte. Dargestellt war eine Baumgruppe, hinter der die Sonne unterging. Ein passendes Motiv, das so recht den Abschied von allen Kunsthoffnungen symbolisierte. Aber um so schöner sollte meine Kopie werden... Daß der Sonnenuntergang hinter den hohen Bäumen auf dem Bild ein Signal für mein Leben sein und mir zeigen könnte, für mich selber gehe eine Sonne unter, dachte ich selbstverständlich nicht.

Da klopfte es an der Tür. Wie aus einem Traum erwachend, hob ich jäh den Kopf in der spontanen Gewißheit, daß dieses Klopfen mir galt.

Auf das »Herein!« des Lehrers wurde die Tür halb geöffnet. Mein jüngerer Bruder stand auf der Schwelle und sagte mit leiser Stimme: »Mein Vater bittet, daß Karl heimkommen darf. Soeben ist unsere Mutter gestorben.«

In der Klasse war es totenstill. Der Zeichenlehrer sprach kein Wort, mein Bruder stand da und rührte sich nicht, niemand arbeitete mehr. Mechanisch stand ich auf und ging auf die Tür zu. Hinter mir hörte ich wie aus weiter Ferne die Stimme des Lehrers: »Selbstredend bist du beurlaubt.«

Freilich, der Lehrer mußte ja etwas sagen, aber was er sagte, war für mich toter Schall. In diesem Augenblick schien mein äußeres Bewußtsein wie ausgelöscht. Von der furchtbaren Wirklichkeit des Todes in den Bann geschlagen, fühlte ich mein ganzes Sein von einer ebenfalls tödlichen Lähmung bedroht.

Mein Bruder und ich hasteten heimwärts. Was sollten wir tun? – Das Daheim hatte sich grundlegend geändert.

Spät abends, als wir alle im Wohnzimmer waren, fühlte ich den Wunsch, die Mutter noch einmal zu sehen. Sie lag aufgebahrt in dem inzwischen ausgeräumten großen Schlafzimmer, denn damals wurden Leichen erst zur Bestattung aus dem Haus hinausgetragen. Ich öffnete zaghaft die Tür zum Sterbezimmer, verhielt aber jäh auf der Schwelle, ohne den Türgriff loszulassen.

War jene Totengestalt noch die vertraute Mutter? Die wenigen Meter von der Tür bis zur Bahre schienen sich mir zu unermeßlicher Entfernung zu dehnen. Wie jenseits eines Abgrunds lag weit fort ein schneeweißes, von tiefschwarzen Haarflechten eingerahmtes Antlitz zwischen zwei ruhig brennenden Kerzen. Das war die Mutter nicht mehr.

Ein Hauch von Fremdheit, Feierlichkeit, von Großerhabenem und dabei zu Fürchtendem webte in dem Raum. Es schien mir sicher: Würde ich noch einen Schritt auf die marmorne Gestalt zugehen, so würde ich selbst in den Bann des Todes geraten, nie mehr zu den Lebenden zurückkehren können und nicht mehr sein.

Unsagbare Angst überfiel mich. Blitzartig schloß ich die Tür, als ob sie mich vor dem Unheimlichen schützen könnte, und eilte wie gehetzt ins Wohnzimmer zu den anderen.

Ich lag in meinem Bett, das Licht war gelöscht. Aber wie

hätte ich schlafen können? Ich war wie ein vom Blitz zerspaltener Baum. Unvorbereitet war ich wehrlos zwei gleich furchtbaren Erkenntnissen ausgeliefert: Ich hatte das Antlitz des Todes geschaut und stand vor der Tatsache, daß mein Gebet offensichtlich nicht erhört worden war.

Mit eisiger Schärfe mußte ich mir zugestehen, daß mein Opfer, mein Gelübde, unbeachtet geblieben, vergeblich war. Und mit bohrender Unerbittlichkeit drängte sich mir die Frage auf, ob – ich zögerte, schrak vor der Frage zurück und mußte sie dennoch immer wieder stellen –, ob mich Gott überhaupt angehört hatte und – vor mir gähnte ein Abgrund – ob es den »lieben Gott« wirklich gibt oder vielleicht – erneut war ich über meine Gedanken entsetzt – ob er gar nicht ist oder jedenfalls nicht so ist, wie ich seither geglaubt hatte.

Somerset Maugham, dessen Bücher von Millionen gelesen wurden und ihrem Verfasser Millionen einbrachten, war als Kind ein arger Stotterer. Er betete eines Abends, Gott möge ihn von diesem Übel erlösen. Aber am nächsten Morgen stotterte er noch genauso und betete seitdem nie mehr. Er war einer von den vielen, die wegen irgendeiner Angelegenheit gebetet haben, ihrer Ansicht nach nicht erhört wurden und Gott darauf für immer den Rücken kehrten.

Mein Kindergläuben an den »lieben Gott« war bei dieser Bewährungsprobe an die enge Pforte eines neuen Entwicklungsabschnitts gekommen. Der Herr Jesus ladet ein, ihm auf dem schmalen Weg zu folgen. Nun sollte ich lernen, dem Herrn völliger zu vertrauen, damit ich schwerere Glaubensproben aushalten konnte und Geduld lernte, auch wenn ein lange Zeit wiederholtes Gebet scheinbar unerhört blieb.

Mein Vater und meine Geschwister hatten von meinem Gelübde keine Ahnung und wußten nicht, was ich daraufhin innerlich durchmachte. Weder sie noch ich konnten ahnen, daß ich von da an immer wieder in Gefahr stand, von dem schmalen Weg, den ich zu gehen hatte, abzukommen und verlorenzugehen.

Sicher war es die treue Fürbitte meines Vaters, der ich es mit zu danken habe, daß mich die Hand Jesu auch an den schmalsten und gefährlichsten Stellen des Wegs festhielt und weiterleitete.

Ein »aufgeklärter« Freidenker mag über mich spotten, ein liberaler Christ vielleicht über mich lächeln. Es sei ihnen unbenommen. Denn vermutlich sind sie noch nie mit der Frage in Berührung gekommen, was Jesaja meint: »Wer ist, der bei ewiger Glut wohnen kann?«

Nach dem, was ich beim Sterben meiner Mutter innerlich erlebt hatte, war es mir klargeworden, daß ich Pfarrer werden konnte, aber nicht mußte. Zugleich hoffte ich, daß mein Weg mich doch einst zur hohen Kunst führte.

Der Rat eines bedeutenden Künstlers

Ordnungsgemäß wurde unsere Promotion (Schulklasse) nach zwei Jahren in das Seminar Blaubeuren versetzt.

Blaubeuren: Schöner Klosterhof, berühmter Hochaltar in der Kirche, entzückende Landschaft ringsum und darin eingebettet der Blautopf – ein Naturwunder, das man weder mit dem Pinsel noch fotografisch genau wiedergeben kann, weil man seine geheimnisvolle blaue Farbentiefe im Bild nie erreicht –, dazu im Seminar freundliche Lehrer. Ich war sehr gern in Blaubeuren.

Trotzdem suchte ich stets, Künstler werden zu können, und wagte es eines Tages, an den damals – und neuerdings wieder – mit Recht berühmten Akademiedirektor und in den Adelsstand erhobenen Maler Hans Thoma zu schreiben und anzufragen, ob ich ihm meine Arbeiten zeigen dürfe.

Im Gegensatz zu vielen Menschen, an die ich mich in späteren Jahren geschäftlich wandte, von deren Entgegenkommen mehrmals meine und meiner Familie Existenz abhing und die mich nach Erhalt meines Briefs Tage, Wochen und oft noch länger warten ließen, antwortete der greise Künstler postwendend. Er diktierte nicht etwa einer Sekretärin ein paar abgegriffene Redewendungen, sondern schrieb selbst mit seiner wundervollen Handschrift:

»Folgen Sie dem Rat Ihrer Eltern und werden Sie ein guter Geistlicher. Das ist für die Welt mehr wert als ein mittelmäßiger Maler ... Wenn Ihre Liebhaberei zur Malerei anhaltend ist, so können Sie gewiß, wenn Sie einmal Pfarrer sind, Farben kaufen und malen, wie es Ihnen gefällt – so viel Zeit hat man noch immer neben dem Amt.

                                            Hochachtend
                                            Hans Thoma«

Der Brief ist mir ein kostbares Andenken. Das Papier hat unter den Kriegseinwirkungen sehr gelitten, die Schriftzüge selbst sind unversehrt.

Rechtsum kehrt!

Es gab also keinen andern Weg, ich mußte das Abitur machen und wurde acht Tage danach, noch nicht ganz achtzehnjährig, Kanonier in der Ulmer Donaubastion, einem finstren Festungsbau.

Über Kriegs- und Fronterlebnisse zu schreiben erübrigt sich, da dieses Thema von Unzähligen behandelt wurde. Aber eine von dem unsichtbaren Regisseur meines Lebens veranlaßte Begegnung war von besonderer Bedeutung für meine Entwicklung.

Diese Begegnung erfolgte im Saal eines Lazaretts. Hier lagen keine Schwerverwundeten, sondern hauptsächlich solche, die sich auf dem Weg zur Genesung befanden. Über was unterhielten sich die Männer? Natürlich über das Essen, den Krieg, die Frauen.

Im Bett neben mir lag einer, der lungenkrank war, keine neunzig Pfund wog, aber ein Mundwerk hatte, das ununterbrochen Schmutz oder Unsinn oder Aufruhr ausspie. Ob man wollte oder nicht, man mußte ihm zuhören. Einmal gab es bei einer dreckigen, aber mit bösem Witz vorgebrachten Geschichte großes Gelächter. Auch ich lachte laut mit den andern. Warum auch nicht? Die Pointe der Geschichte war so treffend, wenn auch gemein, und ich durch die dauernde Berieselung durch schmutzige Reden so abgestumpft, daß ich loslachte.

Wie sehr war ich erstaunt, als aus der Tiefe des Saals ein Kamerad vorkam, sich an mich wandte und mich ziemlich energisch aufforderte, aufzustehen und einmal mit hinauszugehen. Beklommen folgte ich. Der Ton des andern mir völlig Unbekannten war herrisch, hatte etwas Zwingendes und klang wie eine Verurteilung.

»Du kennst mich nicht, und ich kenne dich nicht«, sagte der Unbekannte. »Ich heiße L., bin Vize (Vizefeldwebel) und kümmere mich im großen ganzen nicht um das Gerede im Saal. Wer wollte auch den Augiasstall misten, der sich in den Herzen der meisten Landser vorfindet? Du bist doch sicher in eine höhere Schule gegangen und weißt, was ein Augiasstall ist? Na also! Aber daß du bei dem gemeinen Drecksgeschwätz dieses Schmidtle mitgelacht hast, das war mir leid um dich. Drum will ich dir was sagen. Nimmst du's an, freut's mich für dich. Nimmst du's nicht an – nun, du bist ein freier Mann. Zwingen kann ich dich nicht. Also, ein Mensch wie du lacht bei solchen Geschichten nicht, verstanden?«

Ich wurde rot vor Scham. Jedes Wort des anderen hatte getroffen. Wie hatte ich mich so gedankenlos gehenlassen können? Stumm liefen wir beide längere Zeit in dem kleinen, aber menschenleeren Hof des Lazaretts auf und ab.

Endlich begann L.: »Es freut mich riesig, daß du keine Ausreden oder Verbrämungen zugunsten deines Verhaltens vorgebracht hast. Sonst wollen die meisten fein dastehen, auch oder gerade dann, wenn Dreckspritzer an ihrer Hose sind, und haben für alles eine Entschuldigung. Ich mußte dir das sagen. Warum, will ich dir erzählen.

Wir waren da und da abgelöst worden und kamen in die Etappe. Du weißt ja, wie das ist, wenn man wochenlang im Dreck gelegen hat und allmählich ganz vergessen hat, daß es auch noch etwas anderes als den Schützengraben gibt. Endlich kommt man nach hinten. Da sieht man anständige Häuser, Zivilisation und Frauen. Man meint, vor allem letztere zum erstenmal richtig zu erleben. Das Blut, das seither brav geschwiegen hat, braust mächtig auf.

Wir befanden uns an einem der breiten Wasserarme – der Name tut nichts zur Sache. Zwei Feldwebel luden mich nach Dienstschluß ein, mit ihnen zu kommen.

›Jeder nimmt einen Laib Kommißbrot mit‹, hieß es, ›einen Nachen haben wir, und auf geht's über den Kanal zu einer Insel. Dort sind Frauen. Für einen Laib Brot tun die alles.‹

Mir war's recht. Daheim wären sie zwar entsetzt gewesen, wenn sie geahnt hätten, daß ich da mitfahren wollte, aber – du weißt ja, Daheim lag weit, weit dahinten. Warum sollte ich nicht auch mal etwas Derartiges mitmachen? Außerdem, diese zwei Feldwebel waren Kerle, die sich vor keinem Teufel fürchteten, denen konnte ich mich ruhig anvertrauen, und unsere Revolver hatten wir ja auch.

Wir stiegen in den Kahn und stießen ab. Es war bereits dämmerig. Ich sah, daß der Kanal breiter und die Insel weiter entfernt war, als ich erst dachte. Drüben im Dunkel leuchtete ein rotes Licht. Das war anscheinend das verabredete Zeichen. Einer der Feldwebel, der mit dem breiten Gesicht, war schon einmal dort gewesen, hatte versprochen, ein paar Kameraden mitzubringen. Wir ruderten los.

Merkwürdig, nach hundert Metern wurde es mir erdenschlecht. Erst will ich mich beherrschen, aber es wird immer schlimmer. Es half alles nichts, die Kameraden mußten mich zurückrudern. Natürlich haben sie gebrummt, Witze gerissen, aber schließlich merkten sie, daß es tatsächlich nicht mit mir stimmt. Sie rieten mir, sofort aufs Krankenrevier zu gehen, setzten mich am Ufer ab, drehten um und waren nach wenigen Ruderschlägen von der Dunkelheit verschluckt. Noch hörte ich das Klatschen der Ruder, das Boot selber sah ich nicht mehr. Nur das rote Lichtlein glimmte gespenstig herüber.

Da stand ich nun und verstand mich selbst nicht mehr. Restlos verschwunden, wie weggeblasen war mit einemmal alle Benommenheit, verschwunden der Schüttelfrost und die bohrenden Kopfschmerzen. Kannst dir vorstellen, wie ich mich ärgerte! Wütend spuckte ich ins Wasser. Meine Laune war miserabel. Was sollte ich den beiden Kameraden sagen, wenn sie mich morgen fragen würden?

Aber sie fragten mich am anderen Morgen nicht. Dagegen fragte der Alte (Kompanieführer), ob jemand etwas von dem Verbleib der beiden Feldwebel wisse.

Ich meldete mich. Schwer bewaffnet fuhren wir dann zu jener Insel, auf der ein wüstes, verlottertes Anwesen stand. Ein altes Weib war in dem Haus und beteuerte, bei ihr seien weder Frauen noch gar Soldaten gewesen. Nein, zu ihr komme selten jemand. Sie wohne ganz allein. Gestern nacht? Sie habe geschlafen und nichts, aber auch gar nichts gehört. Hier herum gebe es noch viele Inseln und an den Ufern noch viele Häuser, vielleicht daß die Herren Soldaten dorthin gefahren seien?

Wir durchsuchten das Haus von oben bis unten; denn ich war gewiß, daß die Feldwebel nirgends anders hingefahren waren. Aber es fand sich nichts, was an deutsche Soldaten erinnerte. Wir stocherten am Inselufer entlang jeden Meter Wasser ab, aber umsonst. Nichts, absolut nichts.

Die Alte schaute uns an, uninteressiert, apathisch, und doch hatte ich das deutliche Gefühl, daß sie genau wußte, wohin die Kameraden gebracht worden waren. Ich hätte schwören mögen, daß sie die Delilas kannte, die in ihrem Haus die Männer umgebracht hatten. Aber was half mein

Gefühl? Die Alte stellte sich taub, dumm, kicherte wie eine, die nicht mehr alle Tassen im Schrank hat, und uns blieb nichts anderes übrig, als zähneknirschend nach vielen Stunden vergeblichen Suchens zurückzufahren.

Man hat nie mehr etwas von den Vermißten gehört. Ihren Angehörigen schrieb man, daß sie vermißt sind, sicherlich als Helden vor dem Feind gefallen – und dabei wurden sie bestimmt in einem Lotterbett abgemurkst. Und ich« – L. blieb stehen, holte Atem – »und ich wäre ebenso umgekommen, wenn mir nicht auf unerklärliche Weise schlecht geworden wäre.

Stell dich in mich hinein. Da suche ich mit meinen Leuten einen ganzen Tag nach den Kameraden, und unablässig sagt eine Stimme in mir: ›Du wärst umgebracht, ausgeplündert, genau wie sie verscharrt oder weit draußen mit Steinen beschwert im schmutzigen Wasser versenkt, ins Meer gespült, verloren bis zum Jüngsten Tag.‹ Mir läuft's noch heute abwechselnd kalt und heiß den Rücken hinab, wenn ich an all das denke.

Warum ist mir schlecht geworden? Es hat mir nicht das mindeste gefehlt. Wer hat das veranlaßt? Weißt du eine andere Erklärung als die, daß es eine Gebetserhörung meiner frommen Eltern war, daß Gott mich herumgerissen hat vor dem Verderben? Ja, so war es! Gott hat seine Hände nach mir ausgestreckt, die andern hat er ins Verderben fahren lassen. Hatte ich das verdient? War ich etwa besser als die Kameraden? Keine Spur! Ich hatte ja auch mitfahren wollen, hatte auch meinen Kommißlaib als Sündenlohn bei mir gehabt, genauso wie die andern.

Draußen im Schützengraben ist der Tod ununterbrochen neben einem! Man hat sich geradezu an ihn gewöhnt. Du zuckst kaum noch, wenn er jetzt diesen, dann jenen holt.

Das ist die harte Wirklichkeit des Krieges. Aber das hier, das war etwas anderes. Das war die gemeinste Fratze des Todes, der Meuchelmord hinter der Front, ausgeführt auf einem Lotterbett. Grausig, widerwärtig, hinterhältig, satanisch. Eine Falle war auch für mich aufgestellt. Ja, ja, auch für mich. Das trauliche rote Lichtlein, dahinter ein roter Frauenmund – also lustig hineinspaziert! Die Falle schnappt zu – aus! Dahinter völlige Nacht, keine Spur mehr, nichts. Aber nicht ›vor dem Feind gefallen‹, wie's in den schönen Liedern heißt.

Das hat mich herumgeholt. Ich habe Gott gelobt, ein neues Leben anzufangen. Statt andere zu einer Sünde einzuladen, wie ich von den beiden eingeladen worden bin, möchte ich, wo ich Gelegenheit habe, am Weg stehen und sagen: ›Kamerad, du bist auf der falschen Fährte. Rechtsum kehrt! solange es noch Zeit ist. Weiter draußen gibt es kein Umkehren mehr!‹«

Wir gingen einige Zeit schweigend auf und ab. Dann begann er wieder.

»Einmal sah ich einen Tierfilm, der mich tief erschütterte. Ein Zoo-Wärter mußte eine gefährliche Giftschlange an einen andern Zoo senden. Er brachte eine Kiste, die an der Seite Luftlöcher hatte, und tat die Schlange hinein. Sorgfältig legte er den Deckel auf die Kiste. Als er ihn festnageln wollte, kam jemand und holte ihn dringend weg. Deshalb warf er nur noch einen kurzen Blick auf die Kiste, meinte: ›Den schweren Deckel kann sie ja nicht hochheben‹, und ging weg.

In dem Film war erregend dargestellt, wie die Schlange sofort begann, an dem Deckel zu arbeiten. Erst gelang es ihr mit größter Anstrengung, ihn ein winziges bißchen zu verschieben. Man sah zunächst nur die Schlangenzunge, die aus dem gewonnenen Spalt hervorzüngelte. Dann drückte das Tier den Deckel millimeterweise weg, bis die Öffnung schließlich groß genug war, den furchtbaren Kopf mit den bösen Augen der Giftschlange durchzulassen.

Kam der Wärter nicht? Jetzt hob sich der Kopf der Schlange bereits eine Handbreit höher. Höchste Zeit, daß der Mann endlich kam! Da, die Schlange gewann das Freie! Mit von beängstigendem Willen getriebenen Bewegungen schlüpfte sie aus der Kiste – es konnte uns Zuschauern das Blut trocken machen zu sehen, wie sich das Reptil lautlos vorwärts schob, verhielt, züngelte und schließlich in einem Wasser-Abflußrohr verschwand.

Minuten später tauchte die Schlange im Käfig eines Großwilds auf – nur ein winziger Faden im Vergleich zu den Tieren dort und doch eine Großmacht voll Gift und Bosheit. Blitzartig hochschnellend biß sie ein Tier um das andere. Aber niemand kam dahinter, wieso diese wertvollen Tiere plötzlich elend verendeten; denn die Schlange verschwand wieder im Abflußrohr und erreichte durch ein anderes den nächsten Käfig. Dort mordete sie weiter, bis man endlich entdeckte, daß die Tiere an Schlangenbissen umgekommen waren.«

Im Lazarett an der Donau

Wenige Tage nach dem Gespräch mit L. wurde ich zum Arzt befohlen und von ihm zu weiterer Kräftigung in das Reservelazarett Untermarchtal verlegt. Waren die Augen Gottes nicht allezeit auf meine Wege gerichtet? Hatte er diese Begegnung mit L. nicht im rechten Augenblick veranlaßt?

Das Reservelazarett war damals im Nonnenkloster Untermarchtal eingerichtet worden. Das Kloster liegt in lieblicher, offener Landschaft an der Donau zwischen Sigmaringen und Ulm. Beim Eintritt gab ich meine Papiere ab und bekam ein Bett in einem von etwa 40 Mann belegten großen Schlafsaal zugewiesen.

In den Nächten fuhren viele Männer aus dem Schlaf hoch, weil sie sich noch an der Front wähnten, andere stöhnten oder redeten laut vor sich hin. Bei Tag wurde meist über die bis zum Überdruß durchgeschwätzten Themen geredet. Ich sehnte mich nach einem stillen Plätzchen und fand es auch.

Nicht weit vom Kloster, aber noch auf Klostergelände, stand eine kleine schlichte Kapelle auf einem Felsen, der senkrecht aus dem Fluß emporsteigt. Damit ich weder von den Kameraden noch von den im Gemüsegarten tätigen Klosterfrauen bemerkt wurde, ging, besser gesagt, schlich ich mit aller Vorsicht in die Kapelle, sooft ich konnte. Das kleine, ohne große Kunst, aber mit Liebe erstellte Bauwerk enthielt einen schlichten Altar und Bänke für etwa vier bis acht Personen, auf denen einige zerlesene Büchlein mit Heiligenlegenden lagen.

War ich, wie ich meinte, unbemerkt in die Kapelle gelangt und hatte die Tür hinter mir geschlossen, fühlte ich mich fern vom Krieg, Lazarett, Getratsch, auch die eigene Unruhe war überwunden. Fast unbeweglich saß ich da und überließ mich der großen Stille.

Eines Tages kam der evangelische Pfarrer, der von Zeit zu Zeit für die evangelischen Soldaten eine Bibelstunde hielt. Zu meiner Überraschung kam sein Sohn mit, der, ein Jahr jünger als ich, noch im Seminar Blaubeuren war. Offensichtlich stand der Pfarrer mit der Mater Oberin in gutem Kontakt. Sie hörte von ihm mit Anteilnahme, daß ich darunter litt, in dem großen Schlafsaal wenig schlafen zu können.

»Handelt es sich denn um den jungen Soldaten, der so oft in unserer Felsenkapelle weilt? Wir hielten ihn für einen frommen Katholiken, und nun ist er ausgerechnet ein angehender evangelischer Theologe?«

Von Stund an bekam ich so viel Gutes durch die Mater Oberin, daß ich ihrer stets in großer Dankbarkeit gedenke. Sie lebt längst nicht mehr. Die Kapelle ist durch eine neue, größere und vornehmere ersetzt, die aber nicht entfernt jene Atmosphäre der Einkehr und franziskanischen Einfalt birgt wie die frühere.

An Abwechslung fehlte es nicht. Einer hier zur Erholung weilenden Gräfin wurde ich vorgestellt, deren Mann Kammerherr des württembergischen Königs war. Sie bat mich, ihren 14jährigen Sohn auf Wanderungen in der Umgebung zu begleiten, weil es dem Buben im Klosterbereich zu langweilig wurde.

Das größte Geschenk machte mir die Mater Oberin, daß sie mir irgendwo im Kloster ein winziges, aber hübsches Gelaß als Schlafkämmerchen einräumen ließ. Darin durfte ich mich auch aufhalten, wie es mir beliebte, und brauchte nur noch zu den Mahlzeiten zu erscheinen.

Eines Tages fragte sie mich, ob ich die ehrwürdige Schwester... an einigen Vormittagen begleiten wolle, damit die Greisin bei der Kräutersuche in der weiteren Umgebung nicht allein sei. Sie kannte Heilpflanzen und sammelte besonders Blüten für heilkräftige Tees.

Natürlich sagte ich zu. Wir waren ein originelles Gespann – die zierliche kleine Nonne mit Tasche und Körbchen, eilfertig, aber meist wortlos, neben dem hoch aufgeschossenen Soldaten mit den langen Reiterstiefeln. So strebten wir den Steilhängen an der Donau zu. Dort wuchsen viele Kräutlein, von deren Bedeutung für Heilzwecke ich keine Ahnung hatte.

Aber vor allem standen an den heißen Hängen herrliche Königskerzen. Nie zuvor hatte ich diese Pflanze gesehen, deren goldgelbe Blüten emsig gesammelt wurden. Es gab einzelne Stengel, die größer waren als ich. Während die Kräuterfrau die Blüten mit flinken Fingern in ihr Körbchen streifte, saß ich da und erlebte im Schauen das Wunder der Königskerze. Einzelne Pflanzen hatten nur einen Stengel, andere einen oder zwei Seitenarme daran, die ebenfalls Blüten trugen. Einmal entdeckten wir eine hohe Königskerze mit mehreren ringsum stehenden goldenen Seitentrieben, einem noch nie gesehenen vielarmigen Leuchter vergleichbar.

Diese Herrlichkeit samt den edel geformten Blättern entfaltete sich auf steinigem, überaus kargem Erdreich. Im Jahr zuvor hatte sich die junge Pflanze gedulden müssen und nur eine unscheinbare Bodenrosette entwickeln können, dabei aber die nötige Kraft gesammelt, um im zweiten Jahr hoch hinauf der Sonne entgegen zu blühen. Die

Nonne erzählte mir ausführlich, welche Heilwirkung der aus den gelben Blüten der Königskerze bereitete Tee habe.

Dies war mir im Augenblick weniger wichtig, weil der schöne Wuchs der Pflanze mich so entzückte, daß ich anfing, sie zu zeichnen. Dabei hatte ich das große Erlebnis, das Wesen der Königskerze zu erkennen. Es ist doch so, daß wir unsagbar viel sehen und doch nicht sehen, daß wir etwas mit den Augen aufnehmen und doch nicht in des Wortes wahrer Bedeutung erkennen.

Hier wurde ich meiner Berufung bewußt, das, was ich sehe, den andern so vor Augen zu stellen, daß sie es nicht nur sehen, sondern möglichst einen Hauch seines inneren Wesens dabei zu ahnen vermögen. Der Glaubende darf erkennen, daß Gott auch durch die Werke seiner Schöpfung zu ihm reden möchte. –

Die Wochen in Untermarchtal waren in jeder Hinsicht einzigartig. Der Krieg, die düstere Zukunft, die Berufswahl, Lärm und Schmutz waren aus meinem Dasein verbannt.

Aber eines Morgens hatte ich das Gefühl, ich müsse in einem heißen See untergehen. Als ich zu mir kam, war mein Kopfkissen blutdurchtränkt. Unverzüglich wurde ich in das Festungshauptlazarett nach Ulm verlegt.

Theologie oder Malerei?

Der furchtbare erste Weltkrieg ging zu Ende. Dafür kam die Revolution mit Straßenkämpfen, Jammer und Elend. In der ersten Hälfte des Jahres 1919 wartete ich auf meine Genesung. Bis zum Herbstsemester war ich wiederhergestellt und begann in Tübingen mit dem Theologiestudium.

Im Land herrschte Armut, auch unter den Studenten. Der Mangel an guter Bekleidung war allgemein und ausgelassene studentische Vergnügungen fast unvorstellbar. Spaziergänge und Wanderungen hatten die meisten Studierenden als einzige Abwechslung.

Zwar war ich Theologiestudent, interessierte mich aber auch für die bildenden Künste und hörte die bedeutsamen Vorträge des Professors von Lange. Im Vergleich zu heute waren die Lichtbilder, die er damals zeigte, armselig – wie es eben der damaligen Lichtbildtechnik möglich war –, aber bei seinen Ausführungen gewannen alle blutvolles Leben. Hier ging mir auf, was Kunst in Wirklichkeit ist.

Regelmäßig zeichnete ich bei dem Universitätszeichenlehrer Professor Seyfferheld Akt. Ängstliche Gemüter konnte ich beruhigen: Als Modelle dienten lediglich alte, verbrauchte Männer oder Frauen in voller Kleidung. Seyfferheld gab sich mit den wenigen Schülern viel Mühe. Zu meinen Zeichnungen bemerkte er meist: »Gut gewollt.« Wenn diese Kritik meinem Stolz nicht passen wollte, konnte er auf die Reproduktion einer klassischen Zeichnung hinweisen. Verglich ich sie mit meiner Arbeit, war ich schnell kuriert.

Eines Tages wurde mir vom theologischen Assistenten

aufgetragen, eine hebräische Arbeit über das 5. Buch Mose, das sogenannte Deuteronomium, zu machen. Nun hatte ich wohl vier Jahre hebräischen Unterricht im Seminar gehabt und war stets tief beeindruckt von der mächtigen Sprache und von der Schönheit der hebräischen Buchstaben, aber die aufgetragene Arbeit lehnte ich ab.

»Dann müssen Sie zu Professor Wurster gehen!« sagte der Assistent, der über meine Weigerung sichtlich aufgebracht war.

Professor Wurster empfing mich überaus freundlich. Er meinte, für einen angehenden Pfarrer sei gerade diese Arbeit von bleibendem Wert.

»Aber ich will gar nicht Pfarrer werden!« platzte ich heraus.

Professor Wurster sah mich erstaunt an, schwieg eine Weile und bat mich dann in höflicher Weise, meine Gedanken ausführlich und offen darzulegen.

Weil er so gütig redete, faßte ich volles Vertrauen und schilderte ihm meine Lage. Ich erwähnte, was meine Verwandtschaft zu einem Berufswechsel sagen würde. »Zwei meiner Onkel sind Pfarrer. Sie rieten mir, ein kleines Dorfpfarramt irgendwo hinten im Land zu übernehmen, wo ich genug Zeit zum Malen hätte.«

»Das mochte früher angehen und war auch nicht richtig«, antwortete Wurster. »Entweder ist man Pfarrer oder Künstler. Jeder dieser Berufe fordert den ganzen Menschen, wirklich den ganzen!«

»Darf ich Ihnen entgegnen, daß Hans Thoma meinte, als Pfarrer könne ich immer soviel Zeit erübrigen, um Farben zu kaufen und Bilder zu malen?«

»Hans Thoma ist ein großer Maler in seinem Fach und hat dem deutschen Volk Herrliches geschenkt. Aber er hatte solch einen schweren Weg, bis er sich durchsetzte, und weiß aus vielfältiger Erfahrung, wie wenige ihr Ziel erreichen, die mit großem Schwung als junge Künstler ins Leben hinausgehen. Er weiß nur zu gut, wie viele menschliche Wracks an den Straßen der Kunst liegen, und er hält es sicher für seine Pflicht, als getreuer Eckart jeden zu warnen.

Sehen Sie, hier liegt es. Er hat sich durch die bitteren ersten Jahre, durch Verspottung und Armut hindurchgerungen, aber dazu brauchte er seine ganze Kraft. Ein Amt daneben – unvorstellbar! Nie wäre er Hans Thoma geworden, nie! Und Pfarrer! Kann ein Pfarrer darauf bedacht sein, geistgefüllte Predigten auszuarbeiten, sich mit den Fröhlichen zu freuen und den Trauernden Trost zu spenden, kann er die Jugend richtig anpacken und den Alten Hilfe gewähren und allen Altersstufen den Weg zu Christus zeigen, wenn er nur halb oder – sofern er wirkliches Künstlerblut in sich hat – nur mit zehn Prozent innerlich beteiligt ist?

Die Zeit, der wir entgegengehen, braucht Pfarrer, die mit ganzem Herzen in ihrem Beruf stehen. Wenn Sie glauben, ein solcher Pfarrer nicht werden zu können, so möchte ich Ihnen wenigstens einen Hinweis geben: Werden Sie nicht freier Künstler! Meist ist Armut und Verkennung – oft lebenslang – deren Los. Viele dieser Künstler halten sich nur mühselig über Wasser, sind verbittert und trösten sich allenfalls mit der Hoffnung, wenigstens nach ihrem Tod berühmt zu werden. Viel günstiger ist es mit der angewandten Kunst.

Da haben wir in Heilbronn den Möbelkünstler Veigel. Schon als junger Schreiner erhielt er auf der Pariser Weltausstellung vor dem Krieg eine der höchsten Auszeichnungen, und jedes Möbel, das seine Fabrik verläßt, ist – was Schönheit und Güte anbelangt – ein Museumsstück. Setzen Sie sich doch mit diesem Mann in Verbindung.«

Professor Wurster war auch in pietistischen Kreisen hoch geschätzt, deshalb zeigte sich mein Vater für seinen Rat aufgeschlossen. Gemeinsam besuchten wir den berühmten Möbelschöpfer Veigel – einen kleinen Mann mit einem schwarzen runden Käppchen auf dem Kopf, das ihm etwas Patriarchalisches verlieh. Seine Augen verbanden geistige Überlegenheit mit blitzschnellem Erfassen des Gegenüber, sei dies ein Mensch, ein Brett oder ein Kunstwerk. Er imponierte mir vom ersten Augenblick an.

Veigel öffnete die Türen eines in seiner Werkstatt gefertigten Stücks und wies mich an, nicht nur mit den Augen, sondern auch mit der Hand die Oberfläche, Maserung und handwerkliche Leistung zu erleben. Er verstand es, mir in einer halben Stunde die Augen für die Kennzeichen höchster Qualität zu öffnen.

Eine dreijährige Schreinerlehre in seiner Fabrik komme für mich nicht in Betracht. Er stelle nur Lehrlinge ein, die aller Voraussicht nach später in seinem Betrieb bleiben würden. Vielleicht würde der Leiter der Kunstgewerbeschule in Stuttgart, der berühmte Professor Pankock, eine wesentlich kürzere Volontärzeit in einer anderen Schreinerei ausnahmsweise gelten lassen.

Professor Pankock war bereit, mich aufzunehmen, wenn ich wenigstens ein Jahr in einer Schreinerei gearbeitet hätte.

Schreinerlehrling

Mein Vater kannte einen Meister in M. – gleich gut als Mensch wie als Schreiner – und erreichte, daß er mich als Lehrling aufnahm. Der Anfang war schwer – sicher für beide Teile.

Als ich dann soweit war, daß ich selbständig einen bestellten Sarg machen konnte – die schräg verlaufenden und zusammenzufügenden Bretter im richtigen Winkel aneinanderzupassen ist für einen Anfänger keineswegs einfach –, erbat ich den Besuch meines Vaters und bat ihn und den Meister um Entlassung aus der Schreinerei. Ich hatte mich lange geprüft und erkannt, daß mein Weg nicht zum Kunstgewerbe, sondern zur reinen Malerei führt.

Zu meinem Erstaunen waren Vater und Meister rasch darin einig, daß ich aufhöre. Beide meinten, es sei doch recht schade, daß ich nicht nach Tübingen gehe und das Theologiestudium wieder aufnehme.

»Wenn du sehr sparsam lebst, kann ich dir zwei Jahre lang das nötige Geld geben, aber danach mußt du auf eigenen Füßen stehen«, sagte der Vater.

Ich sah das Tor zur Malerei offen, war überaus dankbar für Vaters Zusage, ahnte auch, was es ihn gekostet haben mußte, mich für die Malerei freizugeben, stand deshalb auf und küßte ihn.

War die Schreinerlehre verlorene Zeit? Nein!

Zunächst bekam der von klein auf in mir sitzende Hochmut einen kräftigen Stoß. Ich hatte erleben müssen, daß der jüngere Lehrling, der »nur« Hauptschulbildung hatte, viel besser als ich arbeiten konnte, daß er schneller als ich begriff und daß ihm alles leichter von der Hand ging. Hatte ich mir nicht eingebildet, diese Schreinerei würde ich im Handumdrehen meistern? Wie armselig kam ich mir jetzt vor, wenn ich eine Fuge nicht tadellos verleimen konnte!

Die Schwielen an den Händen und die an manchen Abenden vor Müdigkeit zerschlagenen Knochen lehrten mich, Achtung vor dem Handwerkerstand und Verständnis dafür zu haben, wenn körperlich hart Arbeitende abends vielfach zu müde sind, um noch geistige Kost aufzunehmen. Solche Menschen sind um so höher einzuschätzen, wenn sie abends trotzdem Zeit und Kraft für geistige Anliegen einsetzen.

Zugleich hatte ich die Herrlichkeit des Holzes entdeckt. Welch ein Material! Wie viele Möglichkeiten bestanden, seine Schönheit, Geschmeidigkeit, Dauerhaftigkeit und Tragkraft sinnvoll zu nutzen, vielleicht noch kommenden Generationen zum Gebrauch und zur Freude!

Nein, diese Zeit hatte mein Leben bereichert!

Sonnenblume

Strohgedeckte Mühle im Schwarzwald

Der alte Kirchpfad

Schwarzenberg bei Schönmünzach (Murgtal)

Blick in den nördlichen Schwarzwald

Motiv aus »Das kalte Herz« von Wilhelm Hauff

Köhler in seiner Rindenhütte

Schäferwagen

Wetterbuchen am Belchen

Höhenweg im Schwarzwald

Kapelle bei Untermarchtal an der Donau

Königskerze mit drei Blütenkolben

Winterstille

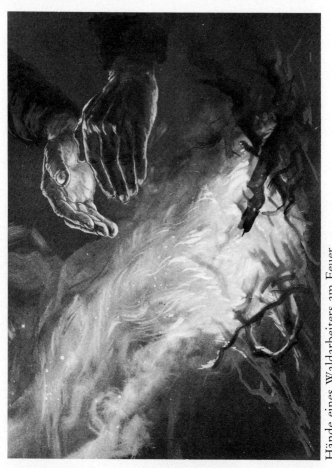

Hände eines Waldarbeiters am Feuer

Die Appische Straße bei Rom

Im Salzkammergut

München

Vom Ende des ersten Weltkriegs an wollten die Unruhen in München nicht aufhören. Am 7. November 1918 rief Eisner die Republik aus. Die nach seiner Ermordung im folgenden Jahr eingeführte Räterepublik wurde durch bayrische, preußische und württembergische Truppen niedergeworfen, die am 2. Mai München eroberten. Unter der Bevölkerung herrschten Mißtrauen, Hoffnungslosigkeit und Armut. Außerdem machte sich die Inflation daran, das durch den Krieg ausgesogene deutsche Volk vollends zu ruinieren.

Ordnungsgemäß meldete ich mich am Tag nach meiner Ankunft im Polizeipräsidium an.

»Ja, wo ham S' denn Ihren Paß?« fragte der Schalterbeamte, als ich die Abmeldung von meinem seitherigen Wohnort vorlegte.

»Einen Paß? Wieso? Einen Paß hab' ich nicht.«

Der Beamte blickte mich mißtrauisch an. »So, so, Sö ham keinen Paß.« Er marschierte ins Nebenzimmer.

Nachdem dort der Fall besprochen war, erschien er wieder mit einem Amtsdiener und ordnete in strengem Ton an, daß der »Paßlose« oben in Zimmer soundsoviel vorzuführen sei.

Es ging zwei Treppen hinauf. Unterwegs leitete der Amtsdiener eine Art Voruntersuchung ein. Meine Antwort schien ihm nicht zu gefallen. Bärbeißig, offensichtlich in seiner persönlichen Würde verletzt, schrie er – heftig schnaufend, denn er war dick und die vielen Treppen machten ihm zu schaffen –, daß ihm so etwas noch nie vorgekommen sei. »Einfach ins Ausland fahren und keinen Paß dabei, und aus Württemberg san S', Künstler wollen S' werden und evangelisch san S' a no! Dös is a bissl viel af oamol, mei Liaba!« erboste er sich.

Ich wollte erst erwidern, daß Bayern meines Wissens seit 1871 ein Teil des Deutschen Reichs und mitnichten »Ausland« sei, aber ich schluckte meine Weisheit hinunter, weil mir spontan einfiel, daß es hier wie beim Kommiß geraten ist, nicht zu widersprechen; denn »ein Vorgesetzter hat immer recht«. In bewußt unterwürfigem Ton antwortete ich deshalb: »Sehen Sie, Herr Kommissar (wieso mir dieser Titel einfiel, wußte ich selbst nicht), ich bin unerfahren und wußte nicht, welche Vorschriften im ›Ausland‹ gelten.«

Die geschwollene Anrede, der schöne Titel und der Unterordnung zeigende Tonfall wirkten besänftigend.

»No ja«, meinte er, »mer wolln schaugn, was sich machen läßt.«

Als wir beide in dem Zimmer ankamen, zeigte sich allerdings, daß der Begleiter weder etwas zu sagen noch zu machen hatte. Doch wurde mir etwas unbehaglich, als ich merkte, daß in diesem Raum Leute abgefertigt wurden, die anschließend ins Gefängnis kamen.

Eine Frauensperson war gerade an der Reihe, die eine Gefängnisstrafe – die Beamten sagten »Erholungsurlaub« – in Stadelheim (einem Gefängnis bei München) antreten durfte, eine windschiefe Existenz bekam die Papiere für sechs Monate Gefängnis ausgefertigt, und dann kam ich dran.

Die beiden Beamten in diesem Zimmer unterschieden sich sehr vorteilhaft von meinem Begleiter, sie waren höflich, ließen sich den Fall erklären, behielten aber ein gewisses Mißtrauen.

»München muß sich gegen Infiltration fragwürdiger Elemente schützen«, sagte einer der Herren, »nachdem wir unsägliches Leid durch auswärtige Revolutionäre erfahren haben.«

Dieser Satz brachte mich auf den Gedanken, mein Abgangszeugnis von der Universität Tübingen, das ich bei mir trug, vorzulegen.

Interessiert betrachteten es die Herren. »Das ist natürlich etwas anderes«, hieß es jetzt. Sorgfältig studierten sie das eingeprägte große Wappen, bewunderten es und wiesen meinen Begleiter an, dem Herrn K. die Aufenthaltsgenehmigung durch den zuständigen Beamten ausstellen zu lassen.

»I ham's ja glei gseha«, sagte der Amtsdiener im Hinuntergehen, »daß Sö an ungefährlich Subjekt san. Aber merk Sö sich's fors ganze Leben, daß mer an jedem Ausland en Paß braucht!«

Das wolle ich mir scharf merken, versicherte ich.

Als ich das Polizeipräsidium verließ, fuhr der Gefängniswagen durchs Tor, Stadelheim zu, vermutlich mit den vorhin Verabschiedeten im Innern. –

Da die Aufnahmeprüfung in die Akademie hohe Anforderungen stellt, trat ich zunächst in die Vorbereitungsklasse von Moritz Heymann ein, die mir als beste dieser Art empfohlen worden war. Sie befand sich im Dachstock eines großen Hintergebäudes, das offenbar nur von Malern, Musikern und Dichtern bewohnt war. Das ganze Haus sah heruntergekommen aus. Einige Bewohner fanden das Haus dagegen würdig, große Genies zu beherbergen.

Oben an der letzten Tür hing ein Schild mit den Unterrichtsstunden der Malklasse darauf.

Ich klopfte. Ein langes Mannsbild mit entsprechend langen Haaren öffnete und führte mich durch den großen Unterrichtsraum in das Privatatelier des Meisters. Dort wurde ich sehr höflich aufgenommen. Der Assistent machte einen Stuhl frei, indem er einen Stapel Zeitschriften, der ihn beschwert hatte, woandershin plazierte. Moritz Heymann bedeutete seinem Modell, es könne Pause machen, und setzte sich mir gegenüber.

Ich erzählte kurz meinen Hergang und war aufgenommen. Aufgenommen in eine Gesellschaft, die sich wesentlich von den Kommilitonen der Uni unterschied. Hier in der Vorbereitungsklasse zur Akademie waren viele Adelige, die aufgrund der politischen Umwälzung nach 1918 glaubten einen Beruf vorweisen zu müssen, und meinten, Künstlertum vertrage sich am besten mit ihrem standesbedingten Ehrgeiz. Stark vertreten waren adelige und teilweise reiche Damen, die offensichtlich glaubten, Kunst lasse sich ohne große Mühe erlernen und biete nebenher die Möglichkeit zum »süßen Leben«. Dazwischen saßen ein paar ernsthafte junge Leute, die tatsächlich Künstler werden wollten und sich des großen Risikos bewußt waren. Sie nützten ihre Zeit und arbeiteten schwer.

Mit sicherem Instinkt wußte Moritz Heymann schnell, wen er vor sich hatte. Er behandelte die adeligen Damen mit Ironie, gelegentlich mit Sarkasmus, die entsprechenden Herren vorsichtig, aber mit versteckter Geringschätzung. Die Fleißigen dagegen förderte er. Was er von mir halten sollte, wußte er nicht recht. Ein halber Theologe war ihm bisher nicht vorgekommen. Zwischen der Theologie – etwa Schlatters in Tübingen – und der Weltauffassung Heymanns lag allerdings ein weltweiter Zwischenraum.

Vermutlich haben unter den damaligen Schülern wenige so viel und so intensiv gearbeitet wie ich. Ich gönnte mir keinerlei Vergnügungen, saß fast alle Vormittage im Saal der Neuen Pinakothek, kopierte Zeichnungen und Radierungen alter Meister und eignete mir dabei umfassende Kenntnisse der verschiedensten Graphikarten an. Nachmittags zeichnete ich regelmäßig bei Heymann Akt. Dabei konnte es freilich vorkommen, daß es mir schwarz vor den Augen wurde, weil ich mich nie satt aß.

Es war ja Inflation. Der Vater tat, was er konnte, aber er mußte seine große Familie versorgen. Dazu kam, daß jede Geldsendung bereits ein gutes Stück entwertet war, bis sie ausbezahlt wurde. Ich lebte demgemäß so karg wie irgend möglich. Auch fing ich an, mich in die schwierige Kupferstichtechnik einzuleben, die ganz andere Anforderungen an die Hand des Künstlers stellt als etwa die Radierung. Die Handhabung des zur Herstellung eines Kupferstichs dienenden Grabstichels erfordert Übung und nochmals Übung. Die mit dem Stichel zu erreichende Abhebung eines feinen, mehr oder weniger tief aus der Kupferplatte herausgeholten Metallspans ist dazuhin für die Augen sehr anstrengend, denn der Span blitzt und funkelt im Licht.

Damals legte ich vermutlich durch Überarbeitung und mangelhafte Kost den Grund zu den Augenkrämpfen und Kreislaufstörungen, die mein Leben später belasteten und mich zeitweilig fast am Dasein verzweifeln ließen.

Durch die von Tag zu Tag schneller fortrasende Geldentwertung verlor jede Überweisung von daheim an Wert, bis sie in meine Hände kam. Ich schämte mich, daß es mir gelegentlich passieren konnte, vor den Auslagen eines Lebensmittelgeschäfts auf einen unerreichbaren Leckerbissen zu starren. Gewiß, es gab damals die neu eingerichteten Volksküchen, aber was man dort erhielt, war wenig genug, und die nötigen Vitamine waren zerkocht.

Ganz der Arbeit hingegeben, nützte ich die Zeit. Nur spätabends, ehe ich zu Bett ging, lief ich eine Weile durch die Straßen, um den brennenden Kopf zu kühlen. An den Sonntagen wanderte ich durch die Wälder der Münchner Umgebung, oder ich fuhr mit dem Fahrrad etwa an den Starnberger See. Regnete es, so sparte ich das Mittagessen und legte mich ins Bett.

Bewußt oder unbewußt standen Fragen vor mir, auf die ich keine Antwort wußte: Welcher Weg führt sicher zu meinem Ziel, der hohen Kunst? Wozu wollte ich Maler werden? Würde man mich brauchen? Würde ich andern etwas geben können? Wovon wollte ich leben?

Ich las viele Lebensbeschreibungen von Künstlern und suchte die eigentliche Bedeutung ihres Lebenswerks und ihrer persönlichen Lebensführung zu ergründen. Aber es war mir, als durchwanderte ich einen riesigen Wald mit unendlich vielen Wegen und fand keinen Pfad, der aus dem Wald hinaus in die freie Landschaft führte.

Eines wurde mir bald klar, daß, von wenigen Ausnahmen abgesehen, die Frage nach Gott keine Rolle im Leben der zeitgenössischen Künstler spielte. Auch meine Mitstudenten debattierten über alles mögliche, aber von einem persönlichen Gott oder gar von Jesus Christus war nie die Rede. Das gab es anscheinend nicht.

Was die Gemüter erregte, war dagegen die Frage, welche Kunstrichtung siegen werde, etwa Expressionismus oder Naturalismus oder... Hier ging es heiß her. Man spürte, diese Frage hatte Vorrang – nicht nur wegen der Kunst, sondern vor allem im Blick auf die Zukunft der werdenden Künstler.

Moritz Heymann war Impressionist. Er verabscheute den Expressionismus von Grund aus. Wir hatten einige Kunstjünger in der Klasse, die verbissen und zäh darum rangen, etwas Besonderes zu erreichen. Statt das schön gewachsene Mädchen, das Modell stand, in richtigen Proportionen zu zeichnen, gestalteten sie ein Zerrbild. Der Hals war langgestreckt, der Rumpf und die Beine unförmige Massen, der Kopf dagegen winzig und gestaltlos.

»Wäre ich Gott«, spottete Heymann, »so würde ich die Weibsen, die von den Expressionisten gezeichnet oder gemalt werden, lebendig machen. Die Künstler, die solche Mißgeburten auf dem Papier oder auf der Leinwand geschaffen haben, müßten die nun aus Fleisch und Blut bestehenden Mißgeburten heiraten. Meine Damen und Herren« – Heymann blickte sich lächelnd um – »da hätten wir rasch eine andere Kunst, glauben Sie mir!«

Bei solchen Debatten beteiligte ich mich nie. Ich mußte meinen eigenen Weg suchen.

Noch immer betete ich morgens und abends, allerdings nur kurz – aber ich las kaum mehr im Neuen Testament, ging auch nicht in die Kirche und wollte nur eines: ein großer Meister werden. Daß ich einer Eingebung Gottes bedürfe, um den mir bestimmten Weg zu finden, erkannte ich nicht. Noch weniger merkte ich, daß ich meine Augen zu einem selbstgemachten Götzenbild erhob, statt mich – meine Gedanken, meine Pläne, meine Gaben – dem Gehorsam gegen Christus unterzuordnen. Ich wollte, natürlich unbewußt, eine Prachtausgabe Mensch werden und war weit davon entfernt zu erkennen, wie groß meine innere (und äußere) Armut tatsächlich war. Ich mußte sie in der ganzen Tragweite und Bitterkeit durchkosten, bis ich zur Einsicht kam und Jesus Christus anfangen konnte zu wirken.

Gott wandte viele Mittel an, um mich die Verstecktheit meines Eigenwillens erkennen zu lassen. Ich war wie jener Mann, der unbeschwert und zufrieden mit sich selbst in sein Zimmer trat und darin zu seinem Erschrecken eine Anzahl Unbekannter vorfand, die ihn erwarteten und ihm Anklageschriften, Beschuldigungen und unbezahlte Rechnungen präsentierten, ihm drohten und ihn bös beschimpften.

An daheim hatte ich nämlich nicht gedacht, wo mein Abbruch des Theologiestudiums, meine Schreinerlehre und jetzt mein Kunststudium, um Maler zu werden, Anlaß zu Ärgernis, Mißdeutungen, Unterstellungen und schweren Vorwürfen zunächst gegen meinen Vater gab: »Unverständlich, wie der sonst so besonnene und kluge Mann solch eine Verrücktheit zulassen kann!«

Die teils gut gemeinten, teils für mich unfaßlichen Rufe kamen von den verschiedensten Seiten. »Was bildet er sich denn ein? Soo begabt ist er doch nicht, um sich als Maler durchzusetzen!« – »Von was will er einmal leben? Glaubt er denn, er werde es schaffen, das Nötige zu verdienen? Man kennt das ja: Über kurz oder lang sind die großen Rosinen gegessen, und was bleibt? Armutei, Bettelei!«

Gewiß, viele meinten es gut mit mir. So etwa eine liebe Pfarrfrau. Sie antwortete mir postwendend auf meinen Hinweis, Jesus habe verheißen, daß, der die Spatzen ernährt, auch uns das Nötige zum Leben darreichen wird: ich solle meine Augen aufmachen, »alljährlich verhungern im Winter Hunderte von Vögeln«.

Bis heute wird mir gerade von Gutmeinenden vorgehalten, ich hätte eben für eine Pension oder Rente sorgen sollen. Leider unterlassen es die Ratgebenden, mir zu sagen, auf welche Weise ich als freischaffender Künstler zu einer ausreichenden Rente hätte kommen können. (Für die freischaffenden Berufe – Ärzte, Rechtsanwälte, Vertreter und Künstler – gibt es zur Zeit noch keine staatliche Altersversorgung, und alles, was privat dafür gespart wurde, fraß und frißt die radikale oder schleichende Inflation.)

Am schwersten traf es mich, daß ich auf das Mädchen, das ich heiß liebte, verzichten mußte.

»Wir können unsere Tochter unmöglich einer völlig ungesicherten Zukunft aussetzen.« – »Entweder Rückkehr zum Studium oder Verzicht.«

Ich meinte, sterben zu müssen, und haderte mit Gott und Welt, als sie von mir Abschied genommen hatte. Warum konnte ich mich nicht der göttlichen Führung geduldig und glaubensstark überlassen? Warum sah ich nicht, daß die Geliebte für einen andern Mann bestimmt war, für den sie die einzig richtige Lebensgefährtin wurde?

Warum traute ich es Gott nicht zu und wartete geduldig, bis er mir die Frau zuführte, mit der ich nicht nur restlos glücklich wurde, sondern die unbeirrt in den ärgsten Dunkelheiten mit ihrer Treue, Ausdauer und Bescheidenheit an meiner Seite ausharrte und durch ihre Fürsorge, ihr Einfühlungsvermögen und ihre unwandelbare Liebe die Voraussetzung schaffte, daß ich in guten wie in bösen Tagen weiterarbeiten, weiterhoffen und zu neuen Zielen weiterschreiten konnte?

Daß mir eine solche Frau zugedacht war, ahnte und glaubte ich nach dem Abschied von dem geliebten Mädchen leider nicht. Mein Inneres verhärtete sich. Verbissen nahm ich mir vor, so viel zu arbeiten und so Großes zu schaffen, daß alle, die jetzt an mir zweifelten oder den Kopf über mich schüttelten, an die Brust schlagen würden. Mußte ich spät abends mit brennenden Augen und hungrig den Stichel und die Kupferplatte weglegen, so empfand ich eine grimmige Genugtuung, weil ich mir fest einbildete, durch solchen Einsatz dem Ziel rasch näher zu kommen.

Schon als Schüler hatte ich Karikaturen gezeichnet. Zynismus, Sarkasmus, ein gut Stück Weltverachtung und ein scharf gespitzter Zeichenstift – das konnte Erfolg bringen. Ich sagte meinem Vater, ich sei auf dem besten Weg, meinen Unterhalt als Karikaturenzeichner bei einer der großen satirischen Zeitschriften zu verdienen.

Er stand mir gegenüber, sah mich lange schweigend an und sagte endlich: »Das Zeug dazu hast du. Die Schwächen der Menschen, das Böse im Menschen, die Fehler der Leute zum Spott für Tausende durch die Karikatur anzuprangern ist böse und nochmals böse. Ich möchte keinen Sohn haben, der solches zeichnet. Entweder mußt du deinen Plan, soweit es sich um solche Arbeiten handelt, aufgeben oder mich, deinen Vater.«

»Dich, Vater, aufgeben? Das will ich wirklich nicht. Du hast mir erlaubt, Künstler zu werden, hast die Vorwürfe und offene Geringschätzung meinetwegen bis heute ertragen – hast die Hand über mich gehalten – nein, dich will ich nicht verlieren! Aber, wie soll ich meinen Unterhalt finden? Wenn ich nur das wüßte!«

»Wenn du bewußt in die Nachfolge Jesu Christi trittst, wird Er dir zukommen lassen, was du brauchst, Hilfsmittel, Verdienstmöglichkeiten, Käufer und Helfer.«

Die Weiche war gestellt. Ich war bereit, auf einem andern

Gleis weiterzufahren – doch ich sah bestenfalls das Gleis, nirgends aber ein Ziel.

Da wurde mir immer wieder unerwartet Aufmunterung und Hilfe zuteil. Meine jüngeren Brüder, die bereits, wenn auch sehr wenig, verdienten, steckten mir zu, was in ihren Kräften stand. Zweimal erhielt ich von dem alten Frieder in Martinsmoos einen großen Geldschein, der mich nicht nur eine Woche lang ernährte, sondern mit besonderer Freude erfüllte. War es doch ein echter Christ und Gemeinschaftsmann, der zwar keine Ahnung vom Kunstbetrieb hatte, mir aber sein Vertrauen damit bewies, daß er mir ein fürstliches Geschenk machte.

So gedenke ich noch vieler in bleibender Dankbarkeit, die, kurz gesagt aus Nächstenliebe, ein Bild kauften, weil sie einem noch wenig bekannten Maler eine Chance geben wollten.

Es gab manche Bildkäufer, die erst eine innere Hürde nehmen mußten, weil sie im Zweifel waren, ob es vor Gott gerechtfertigt sei, Geld für einen Luxus – denn Kunst wird gern als unnötig angesehen – statt für Zwecke etwa der Inneren und Äußeren Mission auszugeben.

Gern erzähle ich in solchen Fällen jene Begebenheit auf dem Feldberg, wo mein Kunstkartenangebot abgelehnt wurde, weil die Angesprochene »nur für gute Zwecke« geben wollte.

Die echte und gute Kunst ist eine herrliche Gabe des Schöpfers, der in allem und jedem der Künstler aller Künstler ist, der vom fröhlichen Marienkäferchen bis zum Menschenleib alles wunderbar – als Kunstwerk – gestaltet hat. Augen auf! Überall beggnen wir dem großen Kunstschaffen Gottes. Und meine Kunst? Sie ist doch nichts anderes als eine mir geschenkte Gnade, anderen dafür die Augen öffnen zu dürfen.

Wie verschieden sind meine zum großen Teil bereits verstorbenen Förderer von jenen Kunstkäufern, die keine lahme Mark für einen Werdenden locker machen würden, aber X-tausende, ja Millionenbeträge aufwenden, um das Werk eines zu Berühmtheit Gelangten zu erwerben. Gewiß, immer gab es rühmliche Ausnahmen, echte Mäzene, wirkliche Förderer aus wahrem Kunstverständnis, aber sie sind leider in der Minderzahl jenen vielen gegenüber, die weit entfernt sind, echte Begeisterung oder Freude angesichts eines Gemäldes zu empfinden, und weit entfernt, von seiner Schönheit und Ausstrahlung ergriffen, dafür dankbar zu sein.

Nein, ihnen kommt es vor allem darauf an, als Besitzer eines hochbezahlten Kunstwerks gebührend bewundert zu werden. Früher identifizierten sich viele mit ihrem Auto, als es noch wenige gab. Aber auch heute noch tun sich manche auf die Leistung »ihres Wagens« wunder was zugut und trumpfen damit auf. Jetzt zieht das kaum mehr. Aber einer, der einen echten Picasso hat – du liebe Zeit, ist der in seinen Augen nicht bedeutender als die meisten Mitmenschen, die nie daran denken dürfen, solch ein Stück bemalter Leinwand für eine Million zu kaufen? »Ich und mein echter Picasso« – das läßt sich hören, oder nicht?

Nichts habe ich gegen solche, die ein Bild kaufen, um ihr Geld inflationsgesichert anzulegen. Solche Käufer braucht die Kunst. Aber ich bin froh, daß viele, die ein Gemälde von mir haben wollten und wollen, nur daran denken, sich damit ein Stück lange bleibende Freude und Schönheit zu erstehen, vielleicht gar einen steten Hinweis auf den Schöpfer aller Dinge.

Entscheidung

In jener Zeit des rastlosen Suchens erlebte ich das Auf und Ab von Hoffnung und Enttäuschung bis zur Verzagtheit, ja Verzweiflung. Durch mein angespanntes Arbeiten überreizt, schlief ich nachts unruhig und hatte einen Traum, der mir nach dem Erwachen in allen Einzelheiten deutlich vor Augen stand:

Was ich einst als Bub erlebt hatte, als Vater meinen Bruder und mich von Wildbad zum Wildsee und nach Kaltenbronn mitgenommen hatte, wirkte im Traum nach, denn ich befand mich wie dort auf einem schmalen Pfad, der zwischen zwei Moorseen hindurchzuführen schien. Aber im Traum war dieser Weg bedrohlich, sehr schmal, und je länger, je mehr gluckste braunes Moorwasser auf, wo ich hintrat. Blieb ich stehen, sank ich sofort ein.

Ich sah das vor mir liegende Ufer nicht mehr, beschloß umzukehren, aber hinter mir war dichter Nebel aufgestiegen, der die Sicht völlig wegnahm. Furchtbare Angst würgte mich. Ich lief erneut weiter. Das Moor mußte doch bald durchquert sein, so groß war es doch gar nicht!

Der gespenstige Nebel hinter mir hüllte plötzlich alles rundum ein. Nun konnte ich keine zehn Meter weit schauen. Da teilte sich der schmale Landstreifen, der mich bisher notdürftig getragen hatte. Ein Pfad schien nach links, einer geradeaus und ein dritter nach rechts zu führen. Welcher war der richtige?

Der Nebel wogte auf und ab, schaurigen Leichentüchern vergleichbar. Dazu wurde es rasch dunkel. Um so unheimlicher wirkte das Tiefschwarz des Moorwassers.

Verzweifelt hielt ich an, sank aber sofort ein. Ich machte ein paar Schritte nach vorn, hatte aber zugleich das Gefühl, ich hätte vorher zur Seite abbiegen sollen. Ich versuchte zu schreien, um irgend etwas zu hören, aber alles blieb stumm, schwarz und tot.

»Mein Gott«, rief ich in höchster Not, »hilf mir!« Mein Herz klopfte, wilde Angst umkrallte mich. Ich wußte, wenn der Pfad nicht rasch fester würde, müßte ich versinken, langsam zwar, aber rettungslos, denn wer wollte in diesem Morast an Schwimmen denken?

Da vernahm ich hinter mir eine Stimme aus dem Dunkel: »Wie lange schon gehe ich dir nach, wie oft habe ich dich gerufen! Aber du hörtest nie auf meine Stimme, sondern liefst verbissen deinen eigenen Weg.«

Eine Gestalt tauchte hinter mir auf, groß, nur im Umriß erkennbar. Freund oder Feind? Das Gesicht konnte ich nicht wahrnehmen. Einerlei, wenigstens ein lebendiges Wesen hier in diesem toten Moor.

»Alle Wege vor dir enden im Sumpf. Den Weg, den du kamst, kannst du nicht mehr zurück. Die einzige Abzweigung, die auf festen Grund führt, hast du überrannt. Geh hinter mich, folge mir!«

Die Gestalt machte kehrt und ging rasch in die Richtung, aus der ich gekommen war – ich wortlos hinterdrein.

Richtig, da zweigte ein Pfad von meinem seitherigen Weg ab, den ich ganz übersehen hatte. Nach ein paar hundert Metern wurde der Boden hart und fest.

»Sie haben mein Leben gerettet. Womit kann ich Ihnen danken?« sagte ich im Traum wie einer, der dem sichern Tod entgangen war. »Darf ich mich vorstellen und mir die Freiheit nehmen, auch Sie um Ihren Namen zu bitten?«

»Du bist Maler«, sagte die Gestalt, statt sich vorzustellen.

»Weiß eine Leinwand«, fuhr sie fort, »wissen die Farben, zu welchem Bild ein Meister sie gebrauchen will? Ahnen sie, daß er etwas Ganzes aus ihnen schaffen möchte, etwas Lichterfülltes, Wunderschönes und Vollkommenes aus diesen schweren Erdenfarben, von denen jede für sich ohne Glanz und Licht ist? Ich bin der Maler. Du sollst mein Bildnis werden.« –

Am nächsten Morgen nahm ich zum erstenmal seit langem das Neue Testament zur Hand und begann zu lesen. Ich hatte gemeint, alles zu kennen, was darin steht. Nun war ich erschüttert, wie neu, wie einmalig, wie groß und gewaltig die Texte jetzt vor mir auferstanden und wie sie mein Innerstes trafen, als wären sie nur für einen einzigen Menschen, nämlich für mich geschrieben.

Von da an nahm ich mir jeden Morgen eine gute Stunde Zeit, um das Neue Testament zu lesen, ja ich spürte, daß ich ohne dieses Lesen und innere Hören nicht mehr leben könnte. Auch erlebte ich jeden Morgen aufs neue die gegenwartsnahe Aktualität dieser Texte, ihre Einmaligkeit und Größe, vor allem aber ihren offensichtlichen Bezug ausschließlich auf mich – so schien es mir –, mein falsches Wollen, meine Fehlwege, meine Verranntheit in ein selbst gesetztes Lebensziel.

Jesus Christus hatte mich angeredet. Ich begann, auf ihn zu hören, und entdeckte mit unsagbarer Beglückung ihn, den Wesenhaft-Erkennenden, Endlos-Geduldigen, Verzeihenden, Begnadigenden und Liebenden. Die Augen für den Größten und das Größte wurden mir geöffnet, je mehr ich las.

Welch einen riesigen Berg gäbe es, wenn alles Papier auf einen Haufen gebracht würde, das je mit Äußerungen,

Predigten und Vorlesungen über Jesus bedruckt oder beschrieben wurde! Von gläubiger Annahme des Erlösers und tiefer Ehrfurcht vor ihm reicht der Bogen bis zur Entfremdung und Entstellung seines Bildes, ja bis zur Verhöhnung und Lästerung oder gar zu der Behauptung, er habe überhaupt nicht gelebt, sondern sei eine von seinen sogenannten Nachfolgern erfundene Figur.

Demgegenüber wurde ich armer, einsamer Kunststudent in München immer stärker von der menschlichen und göttlichen Persönlichkeit Jesu Christi, von der unbedingten Glaubwürdigkeit der Evangelien und von der alles durchdringenden Kraft des Heiligen Geistes erfaßt und umgestaltet.

Heute kann ich als Siebenundsiebzigjähriger aus eigener Erfahrung sagen: Der Herr steht zu allen seinen Worten, wir dürfen uns ihm völlig anvertrauen. Er will uns schon jetzt das größte Geschenk geben, das es gibt: daß wir mit ihm Gemeinschaft haben dürfen im Glauben, im Gehorsam und in seiner Liebe. Er verschließt sich uns aber, wenn wir, statt zu gehorchen, disputieren wollen oder mit der eigenen Vernunft zu erfahren suchen, ob man den göttlichen Zusagen vertrauen kann oder nicht, ob sie »echt« sind oder nicht.

Die Erfahrung aller wirklichen Christen macht deutlich, daß Jesus Christus bei jedem, der ihm nachfolgt, andere Methoden anwendet und mit größter Sorgfalt und Weisheit vorgeht, um jeden seiner Art gemäß zu fördern und zum Ziel zu bringen. Er drängt nie, übt auch keinen Zwang aus, sondern respektiert die Freiheit des ihm Nachfolgenden. Wer entschlossen ist, Gottes Willen zu tun, der wird merken, wie der Herr an ihm arbeitet, um seinen Plan mit unerbittlicher Konsequenz auszuführen. Gewarnt aber wird jeder, der ihm nachfolgen will und sich ein behagliches Dasein ohne Prüfungen darunter vorstellt, der bleiben will, wie er ist. Ein Beispiel mag das veranschaulichen:

Von Michelangelo wird berichtet, daß er im Steinbruch einen großen Marmorblock liegen sah, so wie er aus der Wand gebrochen worden war. Lange stand er davor, betrachtete ihn von allen Seiten, lief weg und kam wieder zurück, um ihn aufs neue anzusehen.

Er ließ den Block in seine Werkstatt schaffen. Wäre der Block ein lebendiger Mensch gewesen, so hätte er meinen können, daß jetzt bei dem berühmten Meister eine großartige Zeit für ihn beginnt.

Es wurde zwar eine großartige Zeit, aber unter Leiden. Mit großem Werkzeug wurden ihm schmerzhafte Löcher in den Leib gebohrt und dicke Brocken aus seinen Flanken herausgehauen. Allmählich entwickelte sich eine Gestalt.

Der Block hoffte, nun werde die Schinderei rasch zu Ende gehen. Weit gefehlt! Der Bildhauer ging jetzt ins einzelne. Wegen einer Haarlocke konnte er Stunde um Stunde mit feinerem Werkzeug an dem Stein arbeiten, und als er erst an Augen, Mund und Hände kam, wurde es dem Block unheimlich. Wann würde es genug sein? Wann würde der Meister zufrieden sein?

Tag um Tag und oftmals die Nacht über mußte der Block stillhalten. Aber wie der Meister um den unbehauenen Block im Steinbruch gegangen war, lief er jetzt um die für ungeschulte Augen scheinbar vollendete großartige Plastik herum, prüfte, legte da und dort erneut Hand an und war immer noch nicht zufrieden, immer noch nicht!

Er nahm ein Schabeisen, eine Feile – winzig feine, aber um so schärfer angreifende Werkzeuge – und begann die ganze Gestalt aufs neue zu überarbeiten.

Aber mit dem Block – wäre er ein Mensch gewesen – war eine totale Veränderung vor sich gegangen; denn er begann zu ahnen, daß er zu etwas Herrlichem bestimmt ist und daß alle Leiden notwendig waren, um dieses Ziel zu erreichen.

Endlich stand der vollendet bearbeitete Block in einem Dom. Seine Schönheit, Hoheit und unbeschreibliche Aussagekraft wurde von vielen bewundert. Zugleich war er bis zum letzten Steinpünktchen von aller Ichsucht und Einbildung befreit und fähig, jeden begeisterten Blick irgendeines Besuchers in Demut dem Meister als Dankopfer darzubringen.

Irgendwo las ich:

»Wir bitten um Kraft –
und Gott gibt Schwierigkeiten, die uns stark machen.
Wir bitten um Weisheit –
und Gott schickt uns Probleme, die zu lösen uns weise macht.
Wir bitten um Wohlstand –
und Gott rüstet uns mit Verstand und Händen zum Arbeiten aus.
Wir bitten um Mut –
und Gott sendet uns Gefahren, die es zu überwinden gilt.
Wir bitten um Hilfe –
und Gott schenkt uns Gelegenheiten, ihm zu danken.«

Und aus eigener Erfahrung kann ich hinzufügen:

Ich bat um ein gesichertes Einkommen – und Er ließ mich nach der Währungsreform von 1948 bis 1965 mit solch einem Minimum auskommen und zufrieden sein, daß ich nach Ansicht des Steuerprüfers die genannten Jahre hindurch genaugenommen bankrott war.

Aber – ich will es gleich hinzufügen – nie mußten meine Frau, unsere vier Kinder und ich hungern, immer gab es – oft im letzten Augenblick – Hilfe. Betrachte ich mich, so bin ich kein edler Marmorblock, wie ihn Michelangelo auswählte, sondern ein grauer Allerweltsbrocken, wie Hunderttausende auf den Steinbrüchen der Welt herumliegen. Es wäre grenzenloser Hochmut, wenn sich solch ein Steinstück auch nur das Geringste darauf einbildete, daß es vom Meister in die Hand genommen und bearbeitet worden war. Alle Anerkennung, aller Dank gebührt ausschließlich Gott.

Gutach

Noch war ich in der Aktklasse Heymanns. Aber ich spürte von Tag zu Tag deutlicher, daß ich in die freie Landschaft gehöre. Überarbeitung, Unterernährung ebenso wie die mit Spannung und Gefahr verbundene Aufgabe, täglich unverhüllte, blutvolle Körper abzeichnen zu müssen, ließen mich nach einem Weg suchen, um in den Schwarzwald zu kommen.

Der noch immer in Gutach lebende Schwarzwaldmaler Professor Liebich nahm mich auf und empfahl mich dem noch jungen, aber hochbegabten Maler Erich Rein, der hoch oben über Gutach in einem hübschen kleinen Schwarzwaldhaus, dem Ausdinghaus des Urbansbauernhofs, mit seiner Tante und seiner Braut lebte.

Nicht weit davon lag das Ausdinghaus eines anderen Hofs. Es stand leer und wurde an mich vermietet. So wohnte ich acht Monate in diesem etwa dreihundert Jahre alten, malerisch unter großen Nußbäumen versteckten und mit Stroh gedeckten Haus ganz allein. Am Tag arbeitete ich mit Erich Rein zusammen in der Nähe oder Ferne, wo sich ein schönes Motiv bot. Trotz magerer Kost erholte ich mich körperlich in der Schwarzwaldluft und auf den oft weiten und steilen Gängen zum Arbeitsplatz mitten in der Natur aufs beste und lernte bei Professor Liebich und Erich Rein in kurzer Zeit weit mehr als in der heißen Atmosphäre der Aktklasse in München.

Man kann ganz allein in einem Haus wohnen, auf Wirtshausbesuch und Geselligkeit verzichten und kann es doch nicht vermeiden, daß man mit höchst unerwünschten Gästen zu tun bekommt. Eines Spätnachmittags kam ich müde und verdrossen in mein kleines Haus, schloß auf – und fand einen gut gekleideten Herrn hinter dem schweren Tisch in der Stubenecke sitzen. Betroffen und etwas unsicher fragte ich, wie er hereingekommen und was sein Anliegen sei.

Lächelnd erhob er sich, nannte aber seinen Namen nicht, sondern begann sofort von seiner Firma zu reden, die eine der ältesten sei, ja ein in allen Weltteilen durch exklusive Niederlassungen anerkanntes und überaus geschätztes Unternehmen, bevorzugt von Künstlern, aber auch von sehr vielen anderen Berufen. »Sogar einige geistliche Herren zählen wir zu unseren Klienten«, rühmte der Unbekannte. »Ebenso in Anspruch genommen sind wir von höchsten Herrschaften bis herunter zu ganz einfachen Leuten – wir kennen keine Standesunterschiede, o nein, o nein, wir sind durch und durch sozial...«

»Aha, ein Handelsvertreter«, dachte ich unwillig.

Als hätte er meine Gedanken gelesen, begann er schnell: »Denken Sie bitte nicht, ich wolle Ihnen etwas verkaufen – nein, o nein! damit geben wir uns nicht ab! Ich komme in einer viel einschneidenderen Angelegenheit.«

Er machte eine Pause, sah mich unangenehm lächelnd an und fuhr fort: »Sehen Sie, Herr Kühnle, es geht um folgendes: Sie sind ein aufstrebender Künstler, haben große Gaben und müssen hier zusehen, wie Ihre beiden Lehrer nicht nur den Rahm von der Milch abschöpfen, sondern auch die Milch selber trinken, und Sie stehen daneben und schauen zu. Ja, wo gibt's denn so was? Ist's nicht wie in den paar Stunden, während ich auf Ihr geschätztes Kommen wartete? Da besuchen Leute von auswärts Ihren Lehrer, sagen ihm Schmeicheleien, rühmen ihn über den

Schellenkönig, verherrlichen alles, was er macht, und zu guter Letzt bedanken sie sich tausendmal, daß er ihnen um mehr wie teures Geld ein Stück verkauft! Unter uns gesagt, ist's nicht jedesmal so, als betrachteten es diese Leute geradezu als eine besondere Gnade, ein Bild bekommen zu können? Bedanken sie sich nicht dreimal statt einmal? Machen sie nicht überall Propaganda für den – wie sie voll Andacht betonen – großen Meister?

Aber Sie, wissen diese Leute, wer und was Sie sind? Sie stehen daneben, und Ihr Vorhandensein als sogenannter Meisterschüler dient nur dazu, den Ruhm des Meisters erst recht erstrahlen zu lassen. ›Aha‹, denken die Leute, ›wenn er solch einen Schüler hat, dann muß er etwas ganz Großes als Maler sein.‹ Und Sie? Wissen Sie, was man von Ihnen hält? ›Ein armer Anfänger, kann sich was einbilden, daß er in der Nähe des Gefeierten sein und von dem was lernen darf.‹

Kommt auch nur einer oder eine auf den Gedanken, Ihre Arbeiten sehen zu wollen? Haben Sie nicht bereits eine Reihe Bilder, die einen Vergleich mit denen der andern wohl ertrügen? Aber nein, nach Ihnen, nach Ihrem Schaffen fragt keiner, und das ganz unter uns gesagt.«

Zornig unterbrach ich den Wortschwall: »Worauf wollen Sie hinaus? Wer hat Sie angewiesen, hierher zu kommen? Was soll das alles? – Wer sind Sie überhaupt?«

»Bedauerlich, sehr bedauerlich!« fuhr der Fremde mit öliger Stimme fort. »Ich sehe, Sie sind momentan nicht disponiert, mir weiter Gehör zu schenken.«

Der Fremde stand bereits an der Tür, hielt aber noch einmal an, drehte sich nach mir um und sagte mit schiefem Lächeln: »Übrigens, mein Name ist Neid, von dem großen weltbekannten Unternehmen Neid und Co. Ich werde mir erlauben, gelegentlich wieder bei Ihnen vorbeizuschauen.« –

An einem heißen Tag stieg ich ganz allein eine steile Bergrunse hinauf, trat aus dem Wald und erblickte zu meinem großen Erstaunen auf einem kleinen Wiesenstück zwei armselige, halb verhungerte Kühe und dabei ein verschrumpfeltes Frauenwesen, das ich noch nie gesehen hatte, obwohl ich meinte, alle zu kennen, die hierherum wohnten.

Ein derart deprimiertes und deprimierendes Gesicht war mir noch nie begegnet, seit ich hier lebte. Die Kleider der Frau waren so ungepflegt und schmutzig wie die Felle der zwei Kühe.

»Ja, ja, junger Herr«, begann die Unbekannte ohne Gruß, »hab auch meine Ideäler gehabt, war ein hübsch und wendig Maidli und hab groß gemeint, aus mir müss' was werden, was ganz Besonderes und Großartiges. Aber das Leben springt anders mit unsereinem um. Wirst einmal krank, bist übrig – kein Mensch kümmert sich um dich – mußt noch vielmals ›Vergelt's Gott‹ sagen, wenn dir einer einen Kreuzer hinwirft, und siehst es jedem auf hundert Meter an, daß er froh ist, wenn er nicht an dir vorbei muß. Und Gott? Passen Sie auf, junger Herr, der hält's mit den Großen, mit den Reichen, mit den Schönen. Sie sind auch so einer, der noch seine Wunder erleben wird...«

Damit verließ mich die Alte und lief mit häßlichem Keifen einer Kuh nach, die aus der Umzäunung ausbrechen wollte.

Ich hatte die Lust an der Arbeit verloren. Mit einemmal schien die Welt grau und freudlos geworden zu sein. Die Zukunft, das Alter, die Unsicherheit meines Berufs standen drohend vor mir. »Vielleicht hat die Alte recht – vielleicht läuft es auch mit dir so hinaus...«

Selbstredend hat der Leser schnell herausgefunden, daß es sich bei den beiden Erlebnissen nicht um tatsächliche Vorkommnisse gehandelt hat.

Die Maler des Mittelalters haben die Versuchungen und Anfechtungen der Heiligen als Überfälle durch widerwärtige, Furcht und Ekel erregende und recht bösartige Tiergestalten dargestellt. Mit spitzen Krallen verwunden sie ihr Opfer, mit scharfen Schnäbeln picken sie ihm ins Fleisch, dazu machen sie einen Höllenlärm und unerträglichen Gestank. Schlimmer als alles aber ist ihr grausiges Aussehen. Was bleibt dem Heiligen anders übrig, als auf die Hilfe Gottes zu vertrauen und das Leiden aus seiner Hand zu nehmen?

Nach wie vor bewundern wir solche Schöpfungen, etwa auf dem Isenheimer Altar, und rechnen sie unter die großen Kunstwerke. Wir wissen, daß sie in den Jahrhunderten ihrer Entstehung tiefwirkende bildhafte Predigten gewesen sind und in erster Linie als solche verstanden wurden, während wir Heutigen sie nur noch als Malerei erleben.

Wollen wir seelische Nöte – wie Versuchungen und Anfechtungen, Neid oder Verzagtheit – bildhaft darstellen, so geschieht dies am wirksamsten durch Bilder aus dem Alltag wie in den beiden soeben geschilderten Szenen und in einigen folgenden. –

»Gut gewollt, wie dein Tübinger Professor Seyfferheld sagte«, hörte ich plötzlich, als ich nicht weit vom Haus vor der Staffelei stand. Ich arbeitete so intensiv, daß ich das Kommen meines Freundes F. U. überhaupt nicht gehört hatte. Verblüfft, wortlos starrte ich den Ankömmling an.

Lachend fuhr er fort: »Man merkt's, du bist in deinem Waldwinkel keine Leut' mehr gewöhnt. Also, um es gleich zu sagen: Nächsten Montag fahre ich nach Italien und Sizilien, und du gehst mit. Schön und gut, was du hier machst, und später kannst du meinetwegen bis zu deinem Tod hier wohnen, aber vorher mußt du noch in die Welt hinaus, und deshalb keinen Widerspruch: Nächsten Montag steigst du zu mir in den Zug nach Zürich.«

Italien

Am Montagabend saßen mein Freund und ich schweigend im Bahnhofsrestaurant in Zürich und warteten, bis es Zeit war, zum Zug zu gehen, der um 0.00 Uhr abfahren sollte. Draußen goß es in Strömen, es war kühl, trist. Ich bereute lebhaft, mitgefahren zu sein. ›Wie schön läge ich jetzt in meinem Schwarzwaldhäuschen, wie heimelig wäre es dort!‹ dachte ich.

Endlich rollte der D-Zug Richtung Italien ab durch eine finstere, verregnete Nacht. Ich döste vor mich hin, schlief schließlich ein und konnte gar nicht begreifen, daß plötzlich Uniformierte auftauchten, die Paß und Gepäck sehen wollten.

Ach so, wir sind an der italienischen Grenze, im Land Mussolinis!

Als wir frühmorgens in Mailand ausstiegen, überfiel uns die Hitze mit solcher Gewalt, daß ich zunächst außer ihr gar nichts wahrnehmen konnte. In dieser zweitgrößten Stadt Italiens kann jedoch der gotische Dom aus weißem Marmor nicht verborgen bleiben. Er ist nach der Peterskirche in Rom die größte Kirche Italiens. Der bedeutendste Anziehungspunkt Mailands war für mich das weltbekannte Wandgemälde »Das Abendmahl« von Lionardo da Vinci im Speisesaal des ehemaligen Dominikanerklosters neben der Kirche Santa Maria delle Grazie.

Die Vielfalt der Landschaft Italiens vom Südteil der Alpen bis Sizilien kann ich nicht mit wenigen Worten beschreiben, erst recht nicht die vielen Baudenkmäler und Kunstwerke der Plastik und Malerei. Besonders von der Zeit der

Gotik bis zum Barock hatte die italienische Kunst Vorrangstellung in Europa mit dem Höhepunkt in der Renaissance. Dabei waren durch Gottes Gnade größte Genies aus dem italienischen Volk hervorgegangen. Ich war überwältigt und möchte aus der Überfülle des Erlebten nur die Wandmalerei Michelangelos in der Sixtinischen Kapelle zu Rom und einen Ausflug herausgreifen.

Die Fresken Michelangelos an der gewölbten Decke in der Sixtina sind in Abbildungen weltweit bekannt. Die dort von ihm in gewaltigen Visionen gemalte Schöpfungsgeschichte widersteht allen, die behaupten, die Welt sei ohne den alles bewirkenden Schöpfergott entstanden.

Neben der gewaltigen Darstellung »Die Erschaffung Adams« erschüttert das Bild »Die Austreibung aus dem Paradies« den Betrachter. Wie hat sich das Antlitz Adams verändert! Von Schönheit, Reinheit, Vollkommenheit wie bei seiner Erschaffung ist jetzt nur noch wenig zu sehen. Von der Sünde entstellt, von Selbstvorwürfen gequält, schaut Adam sich angstvoll um. Das Ebenbild Gottes ist »ewgen Tods gestorben«, wie der Liederdichter sagt. Übrig bleibt der gefallene Mensch.

Bei Michelangelos Darstellung der Erschaffung des Menschen sah ich besonders auf die Hand Gottes und die Adams, deren Zeigefinger sich zu berühren scheinen. Schon damals wünschte ich, Zeit und Kraft zu haben, um die wichtigsten Handdarstellungen der bildenden Kunst abzeichnen und zusammenstellen zu dürfen.

Da sind die Hände des Vaters auf Rembrandts berühmtem Gemälde »Die Heimkehr des verlorenen Sohns«. Der heruntergekommene Bettler kniet vor dem Vater, der sich in unendlichem Erbarmen über ihn beugt und mit beiden Händen die Schultern des Sohns umfängt. Und wie er das tut! Die Hände scheuen die Berührung der Lumpen und des schmutzigen Körpers nicht, sondern ziehen den geliebten Sohn mit aller Kraft ans Vaterherz, drücken volle Vergebung und Wiederannahme aus und zittern vor Glück, den Sohn endlich wiederzuhaben. Menschenworte reichen nicht aus, um die Geste dieser Vaterhände auszudeuten.

Die Hände des Gekreuzigten auf dem Bildwerk des Isenheimer Altars von Matthias Grünewald wollen von den unaussprechlichen Schmerzen des für unsere menschliche Sünde leidenden Gottessohns künden. Auf derselben Bildtafel ist die ausgestreckte Hand Johannes des Täufers mit dem übergroßen auf den Heiland weisenden Zeigefinger zu sehen.

Albrecht Dürer zeichnete oder malte viele Hände. Die »betenden« sind durch Bilder weit verbreitet. Vor meinen Augen erscheint ein Bild nach dem andern, auf dem Hände ein solch starkes Leben ausstrahlen und die Person, der sie gehören, so wesentlich charakterisieren, daß mir die Bilder unvergeßlich sind. Die Ausdrucksfähigkeit der Hände veranschaulicht das Bild »Hände eines Waldarbeiters, der sie am Feuer wärmt« im Bildteil dieses Buches.

Die ergreifende Malerei »Das Jüngste Gericht« von Michelangelo an der Altarwand der Sixtinischen Kapelle nimmt den Betrachter hinein in das Geschehen des Endgerichts vor dem Thron Gottes und erinnert ihn an Gottes Wort »Schau die Güte und den Ernst Gottes« (Röm. 11, 22). Neben denen, die die Errettung durch Jesus Christus angenommen haben, sich im Buch des Lebens fanden und zur ewigen Seligkeit beim Herrn gelangen, erschüttern die vielen Verdammten.

Unter ihnen ragt ein Mann hervor, dessen herkulischer

Körper und geistiger Ausdruck darauf hindeuten, daß er bei Lebzeiten zu den Großen seiner Zeit gehörte. Ein wüster Höllengeist hat seine Beine umschlungen, ein zweiter sich an seine Füße gekrallt. Im Triumph ziehen ihn die beiden in die Verdammnis hinab.

Es ist dem Verlorenen anzusehen, was in seinem Innern vor sich geht. Mit der linken Hand bedeckt er in einer Gebärde der Verzweiflung die Hälfte seines Gesichts, so daß nur ein Auge und der halbe Mund sichtbar sind. Wie entsetzlich der Ausdruck dieses einen Auges! Wie herzzerreißend der verkrampfte Mund! Es scheint, als kümmere es den Verdammten überhaupt nicht, was die beiden Unterteufel mit ihm vorhaben. Sein Auge sieht weder nach ihnen noch hinunter zur Hölle. Weit aufgerissen starrt es geradeaus. Anscheinend zieht das irdische Leben mit all seiner Schuld innerlich an dem Verlorenen vorüber, und er erschrickt über die leichtsinnig oder boshaft vertane Zeit, die Verachtung der Gebote und Verspottung Gottes. Zugleich sieht und erleidet er das Ergebnis seines Lebens: selbst verschuldet – ewig verloren.

An einem Sonntagmorgen wanderte ich von Rom aus die Appische Straße (lateinisch: Via Appia) entlang. Diese Straße wurde schon im Jahre 312 vor Christus durch den damaligen römischen Zensor Appius Claudius Cäcus angelegt und führte in südöstlicher Richtung von Rom nach Capua. Wer im alten Rom einen Namen oder Geld hatte, ließ sich an der Seite der Straße in Stadtnähe ein mehr oder weniger prunkvolles Grabdenkmal errichten, mit weißem oder farbigem Marmor verkleiden, mit Reliefs oder Ornamenten schmücken und vielleicht mit einer Plastik krönen. Je größer und prächtiger das Denkmal war, desto größere Aussicht bestand, daß die an der Straßenseite angebrachte Tafel mit Namen und Würdigung des hier Bestatteten gelesen wurde und das Gedächtnis des Toten wenigstens so lange wie die Tafel weiterleben würde.

Das Pflaster der Straße mochte gut zweitausend Jahre alt sein, aber von den großartigen Grabdenkmälern existierten nur noch kümmerliche Reste des inneren Kerns, der meist aus gewöhnlichen Ziegelsteinen bestand. Die teuren Verkleidungen aus edlem Material sind längst zerschlagen, gestohlen oder anderweitig verwendet worden. Wie die Straße gegenwärtig aussieht, weiß ich nicht. Aber als ich ihr damals folgte bis zur letzten Grabstätte weit draußen vor Rom, standen zwischen den Grabhügeln einzelne Pinien oder Zypressen. Zu beiden Seiten der Straße, die sich schnurgerade hinzog, so weit das Auge reichte, dehnte sich die von der Sommersonne ausgedörrte braune, einsame Landschaft. Außer mir befand sich kein Mensch in der Nähe – den heutigen Massentourismus gab es damals noch nicht –, und außer dem Zirpen der Grillen hörte ich keinen Laut. (Blick auf die Appische Straße bei Rom im Bildteil dieses Buches.)

Lange saß ich unter einem Baum, zeichnete und versuchte mir vorzustellen, wie es gewesen sein mochte, als Apostel Paulus, begleitet von einem Offizier, römischen Legionären und einigen Glaubensbrüdern, auf der Appischen Straße von Puteoli nach Rom schritt. In der flirrenden Hitze und ziemlichen Stille verstand ich, daß der Apostel sich freute, als ihm die Brüder ein beträchtliches Wegstück entgegengekommen waren, um ihn nach Rom zu begleiten. »Da Paulus sie sah, dankte er Gott und gewann Zuversicht« (Apg. 28, 15).

Trotzdem erschrak ich, als plötzlich vier junge Burschen

vor mir standen wie aus dem Boden gewachsen und mich abschätzend anblickten. Ich hatte sie nicht kommen hören. Erst wollten sie zu trinken haben, aber ich hatte keine Flasche bei mir. Dann wollten sie wissen, wieviel Uhr es ist. Uhr, Paß und Brieftasche hatte ich aber wohlweislich in meinem Zimmer gelassen und nur so viel Geld mitgenommen, wie ich für die Straßenbahn brauchte. Sie wollten noch dies und das.

Ich hatte Angst. Kilometerweit sah ich keinen Menschen, nur die Ruinen der Grabmäler rechts und links der Straße, deren Hohlräume genug Verstecke boten.

Ein kurzes Herzensgebet – jetzt gewann auch ich Zuversicht. Freundlich blickte ich die Burschen an, stand auf und begann langsam der fernen Stadt zuzugehen.

Wie sie gekommen waren, verschwanden die Kerle lautlos. Sie hatten wohl gemerkt, daß bei mir nichts zu holen war. Aber ihrer Enttäuschung darüber mußten sie Luft machen. Auf einer Strecke von fast zwei Kilometern flogen immer wieder Steine auf mich zu, und ein paarmal entging ich nur knapp einer Verwundung.

Um die gleiche Zeit fuhr mein Freund mit der Straßenbahn. Plötzlich stieg ein Rudel Jungen ein und sprang bei der nächsten Haltestelle wieder ab. Darauf vermißte mein Freund seine Brieftasche. Ein bitterer Verlust – nicht nur für ihn, sondern auch für mich.

Ritt auf den Vesuv

In dem Schnellzug, der um Mitternacht aus Rom abgefahren war und der in einem für damalige Zeit unglaublichem Tempo nach Süden raste, war ich bald eingeschlafen.

Wann und wo ich erwachte, weiß ich nicht mehr, aber was ich sah und was mich im ersten Augenblick wähnen ließ, ich sei auf einen andern Stern versetzt, steht noch heute deutlich genug vor mir.

Draußen vor dem Fenster starrten schwarzblaue Wände ohne jede Modellierung zum Himmel, deren scharf geschnittene Zinnen und Zacken so hoch droben standen, daß ich mich weit zurückbeugen mußte, um sie zu entdecken. Nun sah ich auch, nicht etwa einen lieblichen Mond in sanftem Schein, sondern eine grelle Scheibe, die die Ränder da oben mit gleißendem Licht anstrahlte. Da zwischen dem Zug und diesen Bergspitzen ein Höhenunterschied von fast zweitausend Metern bestand und weil das Gebirge wie eine senkrechte Wand wirkte, war der Eindruck ungeheuer.

Wie lieblich und bezaubernd wirkten diese Berge im Tageslicht.

Damals gab es noch keine Autostraße auf den Vesuv. Wir ritten auf Pferden zum Gipfel hinauf, voraus ein rassiger Bursche auf einem Pferd, mit dem er die waghalsigsten Sprünge vorführte. Ein kleiner Junge mußte auch mit, der oben die Pferde zu halten hatte, während wir vollends auf den Kraterrand hinaufkletterten. Der Bub hing sich an den Schweif meines Pferdes und ließ sich einfach mitziehen. Das Pferd schien das gewohnt zu sein, aber es hatte begreiflicherweise, je steiler der Weg wurde, desto größere Anstrengung mit uns beiden, und so waren wir immer hundert Meter oder mehr zurück hinter den zwei andern.

Für meine Augen war es ein unvergeßliches Bild, wenn die zwei Reiter auf dem Serpentinenpfad hoch über mir um einen Bergvorsprung – scheinbar in den Himmel hinein ritten, aber für meine Stimmung war es keineswegs erheiternd, daß die andern Anspielungen auf meine Reitkunst machten und scheinheilig fragten, warum ich denn so langsam vorwärtskomme.

Damals war der Vulkan noch tätig. Der im Innern des riesigen Kraters aus einem See aus harter Lava aufragende Kamin spuckte größere und kleinere rotglühende Brocken hoch hinauf, die mit scheppendem hartem Geräusch auf den Krater oder seine Umgebung zurückfielen. In der ungeheuren Stille und Einsamkeit – außer uns war kein Mensch zu sehen –, wirkte dieser Klang seltsam und befremdlich.

Den gleichen Ton hörte ich 1944, als ich mit einer Kompanie abkommandiert worden war, in Gaggenau nach einem Luftangriff nachzusehen und notfalls nachzugraben, ob sich noch Menschen – oder Leichen – unter den Trümmern befänden. In Flugblättern hatten die Feinde mitgeteilt, sie würden die Stadt zu einer bestimmten Tagesstunde restlos vernichten. Der Kreisleiter hatte die Bevölkerung beruhigt und alles als wertlose Feindpropaganda hingestellt. Nachdem zur angegebenen Stunde die Stadt in Trümmer gelegt war, begann unsere Aufgabe. Ich machte damals eine Zeichnung: ein im Häuserschutt grabender Soldat hatte ein entzückendes Kinderköpfchen völlig unbeschädigt, aber ohne Körper ausgegraben.

Als es Nacht wurde und wieder Vollalarm kam, sollten wir

uns in einen jenseits des Flusses fast fertigen Tunnel zurückziehen, aber wir drei, die ein Kommando bildeten, kehrten um, als wir ein paar Schritte auf dem glitschigen schwankenden Notsteg über den Fluß gemacht hatten. Wir konnten uns nicht vorstellen, daß die völlig zerstörte Stadt nochmals bombardiert werden würde, und hatten vor einem Fall in das dunkle Wasser tief unter dem Steg mehr Angst als vor den Fliegerbomben. Wir zogen uns in einen heilen Keller zurück, der unbeschädigt geblieben war, trotzdem das Haus darüber nicht mehr bestand.

Nachdem die Flieger gegen Mitternacht verschwunden waren und ich zur Ausschau hinaufstieg, hörte ich genau das gleiche harte und böse Geräusch fallender Steinbrocken wie damals auf dem Vesuv, nur kam es diesmal von stürzenden Kaminen oder Mauerresten her. Dazu sah ich da und dort glühende Kohlenhaufen, aber über allem lastete das Unheimliche, Böse und die furchtbare, tödliche Stille...

Hier oben auf dem Kraterrand unter dem tiefblauen Himmel ahnte ich noch nichts von solchen zukünftigen Erlebnissen, aber der glutspeiende Kamin und ein gelegentlich da und dort – weit vom Kamin entfernt – direkt vor uns aus einer Mauerritze kommendes Räuchlein wurden mir zum Gleichnis, daß unter einer dünnen Decke das Feuer des Verderbens brannte.

Eine Nacht in Neapel

Lange nach Sonnenuntergang heiße, stickige Luft in allen Räumen unseres kleines Gasthauses. Der junge Mann, der sich meinem Freund angeschlossen hatte, war, wohl von der Hitze übererregt, aufsässig und arrogant. An Schlaf war nicht zu denken. Ich ging hinunter auf die Straße, hörte Gesang aus der Ferne und lief rasch dorthin, wo ich die Sänger vermutete.

Da fand ich sieben oder acht Buben, höchstens zehn Jahre alt, ärmlich gekleidet, aber alle mit einem flachen harten Strohhut bedeckt, von dem ein dunkles Band auf ihren Rücken herabhing. Weiche, unverdorbene Gesichter, ganz bei der Sache, die Augen auf den Dirigenten, einen Mann mittleren Alters, gerichtet. Was sie sangen, verstand ich natürlich nicht. Aber *wie* sie sangen! Man müßte die Stuttgarter Hymnusknaben oder die Regensburger Domspatzen zum Vergleich singen lassen, um gleichwertigen Gesang hören zu können.

Nach einigen Liedern winkte der Dirigent ab. Eine Frau sammelte von den Umstehenden in eine Schale, was jeder geben mochte. Rasch eilte die kleine Schar weiter. Ich lief mit. Nach mehreren hundert Metern stellten sich die Sängerknaben wieder im Halbkreis um ihren Dirigenten und sangen, glockenhell, mühelos, bald zart, bald kraftvoll, aber stets absolut rein.

Wieder wurde eingesammelt, wieder gab ich eine Münze. Sofort zogen wir an einen andern Platz, und alles wiederholte sich. Nicht nur der Gesang, sondern auch der Ernst des Dirigenten, die Gesichter und Gestalten der Sänger ebenso wie der jeweiligen Zuhörer fesselten mich je länger, je mehr, und ich bedauerte, das Geschaute nicht malen zu können.

Eine gute Stunde lief ich mit, lauschte und schaute, war aber zugleich sehr darauf bedacht, mir die Straßen und Plätze einzuprägen, an denen wir vorbeikamen. Schließlich mußte ich mich ja wieder zurückfinden können.

Wie malerisch, wie romantisch erschienen mir diese nächtlichen Straßen und kleinen sparsam beleuchteten Plätze – als verliehe ihnen der Gesang des Bubenchors einen ganz besonderen Reiz.

Schließlich hatte ich alles Geld ausgegeben, das ich mitgenommen hatte. Ich sagte »buona notte« und wollte weggehen. Da lüpften die Buben und der Dirigent höflich die Hüte und wünschten mir irgend etwas Schönes.

Anfänglich fand ich mich gut zurecht, aber allmählich wollten mir die Straßen fremd vorkommen. Plötzlich war der Schimmer Romantik, den alles während des Singens gehabt hatte, weggewischt. Die Häuser waren düster, selten brannte ein Licht, und – was für den Süden befremdlich ist – niemand war mehr auf der Straße. Demnach mußte es sehr spät sein.

Lange stand ich ganz allein mitten auf einer Straßenkreuzung, suchte meinem Gedächtnis einen Hinweis abzuringen, ob ich mich ganz nach links oder halblinks wenden sollte.

Fast erschrak ich, als ich plötzlich eine Figur schnellen Schrittes auf mich zukommen sah, die mit einem bis zum Boden reichenden tiefroten Mantel bekleidet war und einen goldenen Reif im Haar trug. Ich stand unbeweglich. Die Gestalt hatte mich erreicht, starrte mir einen Augenblick wortlos ins Gesicht, drehte sich weg und huschte davon.

Träumte ich? Nein! Ob das wohl eine Schauspielerin war, die von einem Auftritt in irgendeinem kleinen Theater nach Haus – zu Fuß – ging? Kaum vorstellbar! Ehe ich meine Gedanken geordnet hatte, war die Gestalt in die halblinke Gasse eingebogen und von der Finsternis verschluckt.

Wieder war es ganz still, aber eine innere Stimme sagte mir: »Nicht in die Halblinke!« Jetzt war ich auf dem rechten Weg und fand vollends gut zurück zum Gasthaus.

Sizilien

Wie viele Reisebeschreibungen, wie viele Bildbände gibt es wohl über Sizilien? Palermo, die Hauptstadt der Insel und ihr kultureller Mittelpunkt, wird durch zahlreiche Bauten aus der normannischen Zeit (1072–1194) geprägt. Im normannischen Dom wurde der bedeutende Hohenstaufen-Kaiser Friedrich II. (1212–1250) beigesetzt. Außerdem sind einige sizilianische Orte an der Mittelmeerküste sowie die antiken Tempel in ihrer Einsamkeit, der gewaltige Vulkankegel des Ätna (3280 m) und viele andere Sehenswürdigkeiten der Insel weit bekannt.

Man könnte meinen, es lasse sich auf dieser Insel nichts mehr entdecken. Aber es ist dort wie überall: wer sich im Schauen schult, findet ungeahnte Motive.

Im Spätsommer hat das Land im Innern der Insel nur noch braunrote oder dunkelbraune Farben, vermischt mit Okkertönen oder staubigem Weiß. Es liegt still und scheint ausgestorben.

Kein Wunder, daß mir in der klaren Luft ein einzelner Reiter trotz großer Entfernung auffiel, der auf einer staubigen Straße, die von aufgeschichteten Feldsteinen gesäumt war, von rechts nach links einem nicht sichtbaren Ziel entgegenritt. Lange sah ich ihn. Aber schließlich schien er in die Erde einzutauchen, sich mit ihr zu verschmelzen – und sogleich entstand der Eindruck, daß alles Leben wieder aus der Landschaft entschwunden war.

Dieser Reiter kam mir wie ein Sinnbild für die Bewohner Siziliens vor: Im Laufe der Jahrtausende wurde die Insel von den verschiedensten Völkern erobert, besiedelt, ausgebeutet, aber Sizilien verleibte sich alle nach der ihnen zugemessenen Zeit ein. Jedes Volk hinterließ teils erhabene, teils ärmliche Spuren seines Daseins, doch die Landschaft bewahrte sich Eigenart, Größe und Ruhe.

Als ich wieder nach Deutschland zurückgekehrt war, malte ich daheim als erstes anhand meiner Skizzen ein Gemälde vom schwarzen Reiter inmitten der weiten Landschaft Siziliens. Dafür fand ich einen Käufer und konnte deshalb wieder nach München fahren und mich weiterbilden.

Der Verführer

Eines Tages wurde ich angesprochen: »Unsere Zukunft heißt Adolf Hitler. Sie müssen ihn hören.« Also ging ich zu einer Versammlung des »Führers«.

Lionardo da Vinci sagte einmal, man solle bei einem Menschenauflauf nicht nur die Ursache oder den Verursacher des Auflaufs betrachten, sondern die Gesichter der zusammengeströmten Menschen studieren. Nach dieser Regel hatte ich schon oft Menschen beobachtet.

»Die Gesichter der Zuschauer oder Herumsteher sind bei solchen Anlässen wie offene Fenster«, erklärte Lionardo, »durch die man mühelos sehen kann, was in ihrem Innern – sonst meist verborgen – lebt und webt.«

Was sah ich? Begeisterung, aufflammende Hoffnung, Einverständnis, Fanatismus, Rachsucht, wilde Gier und vor allem rücksichtslose Unduldsamkeit.

Was hörte ich? »An allem Elend sind die Juden schuld«, dazu unflätige Schimpfworte, aus Haß geboren. Vor meinem inneren Auge standen die vom Wort Gottes bezeugten Väter Abraham, Isaak, Jakob und viele Glaubensmenschen des Volkes Israel aus dem Alten und Neuen Bund. Deren Andenken wollte ich mir nicht beschmutzen lassen. Ich war gewarnt, mich vor dem Nationalsozialismus in acht zu nehmen.

Alle späteren Aufforderungen, in die Partei Hitlers einzutreten, wies ich zurück. 1942 besuchte mich der mir wohlgesinnte damalige Bürgermeister und riet mir in beschwörenden Worten, ich solle diese »letzte Gelegenheit«, in die Partei einzutreten, nicht ungenutzt vorübergehen lassen.

»Dafür ist es zu spät«, antwortete ich ihm.

Darauf sah er mich verständnislos an, verriet mir aber sogleich, mein Name stehe auf der Abschußliste, und nach dem Endsieg sei ich ein toter Mann.

Ich blieb bei meinem Nein. Er zuckte mit den Achseln und ging.

Was ich bis 1942 erlebt und erfahren hatte, konnte ich bei jenem Hitlervortrag, zu dem ich eingeladen worden war, noch nicht wissen. Auf jeden Fall war ich innerlich gewarnt und danke Gott, daß er mir die Kraft gab, dieser Warnung durch alle Versuchungen und Anfechtungen hindurch eingedenk zu bleiben.

Hochzeit

Der als Christ wie als Geschäftsmann vorbildliche Verleger Emil Müller versprach mir im Jahr 1929, für eine bestimmte Arbeit zwölf Monate lang an jedem Monatsersten hundert Mark zu überweisen. Dieser nach heutigem Geldwert lächerlich geringe Betrag gab die notwendige wirtschaftliche Voraussetzung, daß ich im Spätsommer desselben Jahres meine Klara heiraten konnte. Eine Wohnung fanden wir bei Tante Maria, die uns einen Teil ihres Hauses überließ. Wir wohnten zwar bescheiden, aber waren froh und glücklich.

Jetzt nach 47 Ehejahren darf ich von meiner Frau das gleiche sagen, was König Lemuel (zu deutsch: der Gottnahe, Gottgeweihte) von seiner Mutter über die beste Lebensgefährtin hörte:

»Wem eine tüchtige Frau beschert ist, die ist viel edler als die köstlichsten Perlen. Ihres Mannes Herz darf sich auf sie verlassen, und Nahrung wird ihm nicht mangeln. Sie tut ihm Liebes und kein Leid ihr Leben lang... Ein Weib, das den Herrn fürchtet, soll man loben« (Spr. 31, 10–12. 30).

Warum heiratet man und zu welchem Zweck?

»Dumme Frage«, wird mancher denken, »das weiß man doch!«

Aber es ist kein Geheimnis, daß wohl nur wenige Ehepaare erreichen, was ihnen vor der Hochzeit vorgeschwebt hat. Noch kleiner wird die Zahl derer sein, die allmählich begreifen, daß wir leben, um uns dem Willen

Gottes zu unterordnen, damit er durch uns vollbringen kann, wozu er uns eigentlich geschaffen hat. Er will uns immer mehr zu Wegweisern und Helfern anderer machen. Dazu soll auch die Schule der Ehe dienen.

Mein Bruder Adalbert

Etwa ein Vierteljahr vor unserer Hochzeit ließ mich der damalige Chefarzt des Herrenberger Krankenhauses kommen, in dem mein Bruder Adalbert seit langem an Tuberkulose krank lag. Während mein Bruder Nathanael durch seinen Charme und mein jüngster Bruder Hellmut durch seine geschäftliche Gründlichkeit überall Eingang fanden, tat sich Adalbert schwerer. Aber er war mir mit ähnlicher Liebe zugetan wie der Bruder van Goghs diesem.

Deutlich sehe ich, wie mein Vater, als ich Kind war, mit dem damals zwei- bis dreijährigen Adalbert auf dem Arm in der Stube hin- und herging. Zugleich betete er laut für das Leben des an Lungenentzündung erkrankten und vom Arzt aufgegebenen Kindes und bat Gott um Verlängerung seines Lebens, setzte aber hinzu, er wolle die Entscheidung ganz Gott überlassen und sich dareinschicken, wenn der kleine Bub sterben müßte.

Das Gebet meines Vaters um Lebensverlängerung hatte Gott damals erhört, aber nun ging die von Gott bewilligte Frist offensichtlich bald zu Ende. Der Chefarzt sagte mir, Adalbert habe noch zehn, höchstens vierzehn Tage zu leben und wünscht sehnlich, nicht im Krankenhaus, sondern in Kuppingen bei mir und Tante sterben zu dürfen. Der Arzt machte mich auf die Ansteckungsgefahr aufmerksam, der wir uns aussetzen würden. Aber Tante, meine Braut und ich waren uns sofort einig, daß wir diese letzte Bitte erfüllen wollten.

Ein Stübchen richteten wir her, so gut es unsere Mittel erlaubten. Als Adalbert kam, schien die Abendsonne ins Zimmer und verklärte alles.

Was niemand für möglich gehalten hätte, geschah: Der Todgeweihte war beim Anblick des eigenen Zimmers nach jahrelangem Krankenhausaufenthalt und durch die Aussicht, in der Familie sein zu dürfen, so beglückt, daß er wider Erwarten geradezu aufblühte. Er nahm an unserer Hochzeit teil und lebte danach noch fast vier Monate mit uns zusammen.

Dann kam jene Nacht, in der meine Frau Adalbert stützte, während meine Tante und ich abwechselnd ein Becken hielten, in das er Blut und Lungenfetzen spuckte, und zwar so heftig und in solcher Menge, daß wir entsetzt darüber waren.

In einer der nächsten Nächte lernte ich etwas verstehen, was mir bis dahin unbegreiflich war. Ich hatte nämlich den Jüngern stets verübelt, daß sie im Garten Gethsemane eingeschlafen waren. Ausgerechnet in Adalberts letzter Nacht fiel ich in einen todähnlichen Schlaf und hätte Adalberts letzte Stunde verschlafen, wenn mich die beiden Frauen nicht geweckt hätten.

So aber konnte ich Adalberts Angesicht und seine bei vollem Bewußtsein weit offenen Augen noch sehen. Immer wieder richtete er sie sehnsüchtig auf seine neben dem Kopfende des Bettes an der Wand hängende Taschenuhr.

Plötzlich änderte sich sein Gesichtsausdruck, als habe er an der Uhr seine Zeit erkannt, und mit erstaunlich starker Stimme rief er: »Mein Heiland hat gesagt: ›Wo ich bin, da soll mein Diener auch sein.‹« Darauf entschlief er sanft.

Gleichnis vom Barmherzigen Samariter

Zur ersten Wiederkehr unseres Hochzeitstages lud uns unser Freund F. U., der damals Pfarrer in einem reizenden Schwarzwaldort war, in sein großes Pfarrhaus ein. Am Tag zuvor wollten wir mit unseren Rädern in das etwa 60 Kilometer entfernte Dorf fahren. Da unser Freund noch nicht verheiratet war, nahmen wir allerlei Lebensmittel mit, und meine Frau hängte unter anderem eine Büchse an die Lenkstange.

Ausgerechnet während der schnellen Abfahrt auf der steilen Straße hinunter nach Nagold machte sich der Haltebügel der Büchse selbständig. Meine Frau wollte die Büchse halten, aber dadurch kam ihr Rad ins Schleudern.

Ich war ein Stück voraus und brauchte einige Zeit, bis ich mein Rad zum Stehen gebracht hatte und zurückschauen konnte. Da saß sie am Straßenrand mit zerrissenem, blutüberströmtem Kleid, war sich aber ihrer Lage nicht bewußt.

Ich bettete sie auf den Rasen und versuchte, ein Auto anzuhalten.

Der Fahrer des ersten vorüberkommenden Wagens warf einen Blick auf die Daliegende und gab schnell wieder Gas. Die folgenden Fahrer verhielten sich ähnlich. Nicht ein Auto hielt.

Schließlich schob ein Mann mittleren Alters sein Fahrrad von Nagold herauf und war sichtlich froh, den größten Teil des Aufstiegs geschafft zu haben. Er blieb stehen, besah sich schweigend die Daliegende und das verbogene

Rad und sagte: »Ich fahr' sogleich wieder nach Nagold hinunter. Dort kenne ich einen, der einen kleinen LKW hat und Sie und Ihre Räder heimbringen kann.«

Tatsächlich schwang sich der Mann auf sein Rad und fuhr wieder nach Nagold hinunter. Kurze Zeit später kam er mit dem LKW.

Bald waren wir zu Hause und meinten, das Gleichnis vom Barmherzigen Samariter - allerdings unter anderen Umständen – selbst erlebt zu haben.

Meine Frau erholte sich in wenigen Tagen. Ihr dicker Zopf hatte den Kopf geschützt. Das Blut kam von einer Wunde am Arm, die rasch heilte.

Jahre später erlebte unsere älteste Tochter etwas Ähnliches, als sie im Auto zur Entbindung von Urach nach Stuttgart gebracht werden sollte. Der Fahrer wurde an einer vom Wald beschatteten Kurve von einer Eisplatte überrascht. Sein Wagen rutschte über die Böschung hinab und überstürzte sich. Eingeklemmt hing meine Tochter mit dem Kopf nach unten.

Ein Metzger – dem Anschein nach alles andere als ein braver Christ – hielt als einziger, nachdem vorher sämtliche Autos eilig weitergefahren waren, und erbot sich, mit unserer Christel nach Stuttgart in die Klinik zu fahren.

Auch hier anbetungswürdige Bewahrung! Trotz großer blutunterlaufener Körperstellen konnte bei meiner Tochter kein innerer Schaden festgestellt werden. Ein paar Stunden später war ein gesundes Bübchen da, mit strahlenden blauen Augen und »wie sich später herausstellte – ausgestattet mit Wagemut und Unerschrockenheit in kritischen Situationen.

Erstaunt werden einst Unzählige vor dem Richterstuhl Christi fragen: »Herr, wann haben wir dich verwundet oder von einem Unfall betroffen gesehen?«

Es könnte sein, daß ihnen dann geantwortet wird: »Eure Eigenliebe, die Sorge, daß euer gepflegtes Auto Blutflecken bekommt, eure Unwilligkeit, einem Unbekannten zuliebe vielleicht einen Umweg fahren zu müssen, hat euch blind gemacht, Mich in dem Verunglückten zu erkennen.«

Verlagsgründung

Der 1833 geborene Carl Hilty war Rechtsanwalt, Strafrechtslehrer, Chef der schweizerischen Militärjustiz, Mitglied des Nationalrates und des Haager Schiedshofes – einer der bedeutendsten Schweizer. Er war nicht wissenschaftlicher Theologe, verkündigte aber in umfassender Bibelkenntnis und einfacher Sprache die Wahrheit des Evangeliums praktisch, lebendig und – weil auf eigene Erfahrungen gegründet – überzeugend in vielen Büchern (nach Alo Münch).

Zu den Unzähligen, die ihm starke Impulse und göttliche Erkenntnisse verdanken, gehörte ich schon seit geraumer Zeit. In einem seiner Bücher hatte ich gelesen, daß Gott gelegentlich ganz deutliche Hinweise gibt, was seine Nachfolger tun sollen. Diese Hinweise sind meist wie Blitze, schrieb Hilty, die alles zum Aufleuchten bringen, aber ebenso »blitzschnell« wieder verschwinden. Wer das von ihnen Erhellte nicht sofort befolgt, hat eine große Lebenschance vertan.

Auf diese Weise wurde ich dazu geführt, Kunstpostkarten nach meinen Zeichnungen und Gemälden drucken zu lassen, und bekam damit die Möglichkeit, die Jahre der Welt-Arbeitslosigkeit finanziell zu überstehen.

Diese immer größer werdende Arbeitslosigkeit, die in Deutschland ein Millionenheer von Arbeitslosen zur Folge hatte, begann nach dem Kurssturz an der New Yorker Börse am 24. 10. 1929. Uns Älteren ist dies nur zu deutlich in Erinnerung. Künstler, die nicht einen Lehrauftrag oder sonst eine Anstellung hatten, standen rasch vor dem Nichts. Ihre Lage wurde von Monat zu Monat verzweifelter. Viele hatten keine andere Wahl, als sich von der Fürsorge mit einer dünnen Suppe abspeisen zu lassen.

Wenn selbst Künstler von übernationalem Format in äußerste Bedrängnis kamen, was war dann für mich – einen unbekannten Maler und Anfänger – zu erwarten? Nichts.

Und dennoch kamen wir durch dank jener inneren Aufforderung, Postkarten zum Gesamtpreis von ein paar Mark einem Kreis von Mitchristen anzubieten. Längere Zeit hindurch tat ich das jährlich einmal. Wir packten jeweils an die zweitausend kleine Päckchen, brachten sie zur Post und harrten in großer Spannung auf den Ertrag. Jedes Jahr gab es ein paar Tage großer Niedergeschlagenheit, wenn ein ganzer Sack unserer Päckchen, oft beschädigt, zurückkam, da wir selbstverständlich die Rücknahme versprochen hatten.

Besonders niederdrückend war es, wenn Zuschriften negativen Inhalts dabei waren. So schrieb ein Arzt, es sei der Kunst unwürdig, sie auf solchem Weg zu verhökern. Er wußte offenbar nicht, daß Albrecht Dürer seine Frau mit Kupferstichen und Holzschnitten auf den Markt schickte.

»Originell« war die Meinung eines Pfarrers, der mir riet, das Malen zu lassen, denn »solange man nicht malen kann wie ein Dürer oder Rembrandt, rührt man besser keinen Pinsel an«.

Drolliger hörte sich die Empörung einer Dame an, die angeblich erfahren hatte, ich würde in einer prachtvollen Villa wohnen, hätte Geld genug und so weiter. Leider kam sie unserer Einladung, uns in unserer angeblichen »Villa« zu besuchen und deren hochherrschaftlichen Glanz persönlich kennenzulernen, nie nach.

Unerfreuliche Briefe kamen nie von Personen mit kleinerem Einkommen oder von solchen, die dabei noch für eine große Familie oder Verwandte zu sorgen hatten, sondern ausschließlich von Begüterten. Im Gegenteil, gerade Leute, denen ein paar Mark viel bedeuteten, behielten und bezahlten die Sendung, und deren Großherzigkeit erbrachte uns alljährlich eine nach heutigen Maßstäben sehr kleine, damals aber für uns lebenswichtige Gesamteinnahme.

Ebenso wichtig wie Geld waren Zuschriften, die uns froh machten und mir das gaben, was jeder Künstler braucht, um weiterschaffen zu können, nämlich Zustimmung und Anerkennung. Wenige Menschen wissen, wie oft selbst die Größten unter den Malern unsicher waren, ob sie auf dem richtigen Weg sind oder nicht. Wie leicht schlichen sich auch bei ihnen Zweifel an der eigenen Berufung ein und wirkten lähmend. Wie beglückt und ermuntert da ein netter Brief, eine kleine Anerkennung oder gar Dank für ein Bild! Wie schwer wiegt das!

»Herr, wann haben wir dir eine Anerkennung geschrieben, wann für ein paar Kunstkarten drei Mark gegeben?« werden manche fragen, die unser Herr zu seiner Rechten stellen wird.

Welcher Weg?

Die Kunstszene zwischen 1918 und 1933 ist durch äußerste Verschiedenheit gekennzeichnet. Mehrere Kunststile, vor allem aber der Expressionismus, suchten die hergebrachte Auffassung und Malweise durch radikal Neues zu ersetzen. Was die einen verherrlichten und laut priesen, lehnten die andern glattweg ab. Heute ist gut überschaubar, was bleibenden Wert gewann und was Spreu war. Aber in jenen Jahren stand ein Künstler noch mitten drin in der Auseinandersetzung, rang um seine eigene Position in dem Vielerlei der Kunstauffassungen und wußte oft lange nicht, ob er »er selbst« wurde oder im Fahrwasser anderer dahintrieb.

Ein Traum gab mir die Richtung an, die ich einzuschlagen hatte, und die Aufgabe, die mir gestellt war.

Ich befand mich in einem seltsamen Raum, anscheinend im Innern eines viereckigen, gut zwanzig Meter hohen Turms mit nur vier auf vier Meter Grundfläche. Die unwahrscheinlich hohen Wände waren mit düsterrotem Samt verkleidet, der Fußboden mit einem dicken, ganz schwarzen Teppich belegt. Es gab kein Fenster, keine Sitzgelegenheit, nur an einer Seite ein knapp mannshohes Pförtchen, davor ein riesengroßes Pendel, darüber ein Zifferblatt, aber so hoch angebracht, daß Zahlen und Zeiger kaum zu erkennen waren. Möglich, daß einer der Zeiger auf die Zwölf zulief.

Unheimlich war das Pendel. An der vielleicht fünfzehn Meter langen Stange hing eine zentnerschwere Metallscheibe, so groß, daß sie die Türöffnung verdeckte, sooft sie an ihr vorüberschwang. Der Rand dieser Scheibe blitzend, messerscharf geschliffen. Wer durch die kleine Pforte hinaus wollte, mußte dies in dem kurzen Augenblick bewältigen, während das Pendel nach der einen oder andern Seite ausschwang. Auch nur eine halbe Sekunde zu spät – die Pendelscheibe würde wie ein Fallbeil wirken.

Da stand ich, versuchte zu rufen, aber Samt und Teppich verschluckten jeden Ton. Auch die Uhr lief unhörbar.

Raus, nichts wie raus! Würde die Tür aufgehen? Würde ich überhaupt Zeit haben, sie zu öffnen? Lieber tot als hier eingeschlossen, den düstern Farben gegenüber, ohne Laut, ewig dem Hin und Her des furchtbaren Pendels ausgesetzt!

Ich warf mich gegen die Tür. Erstaunlich – sie gab leicht nach. Von hellem Licht geblendet, befand ich mich jetzt in einem schönen, weiten Raum. Glücklich, dem düsterroten Gefängnis, der unheimlichen Uhr und dem mörderischen Pendel entronnen zu sein, sah ich mich um.

Das war ja eine Gemäldegalerie, und die Bilder an den Wänden – tatsächlich, alles Bilder von mir gemalt! Ich hatte das große Ziel erreicht, daß nicht eines oder zwei Gemälde von mir in diesem Museum hingen, sondern sehr viele Bilder nur von mir, aufgehängt in bestem Licht und in schönster Anordnung. Welch ein Glück!

Freilich fehlte die Besuchermenge, die ich gern gewünscht hätte. Nur *ein* Herr war im Saal, der vor einem meiner Bilder stand und es so angestrengt anschaute, daß ich nur seinen Rücken sah.

Von einem Gefühl gewaltigen Stolzes durchpulst, in einem Überschwang ohnegleichen betrachtete ich meine Ausstellung. »Erreicht, erreicht!« jubelte es in mir.

Es drängte mich, Bild für Bild in der Nähe anzuschauen. Ich trat zu dem vor mir hängenden – aber entsetzlich! In dem Augenblick, als ich auf das Bild blickte, begannen die Farben wie Schuppen von der Leinwand abzuplatzen und als bunter Staub auf den Boden zu rieseln. Nackt und leer hing die Leinwand im Rahmen.

Tief erschrocken wandte ich mich dem nächsten Gemälde zu. Sobald ich es ansah, begannen auch hier die Farben abzublättern, genauso beim dritten und schließlich bei allen von mir gemalten Bildern.

Mein Herz schlug wie wild. Ich war einer Ohnmacht nahe. Vernichtet! Mein ganzes Lebenswerk, auf das ich vor ein paar Minuten noch so stolz gewesen war, unwiderbringlich dahin! Staub, nichts als Staub!

Mein Entsetzen wandelte sich in rasende Wut. Das durfte nicht sein, daß ich alles verlor! Welche Teufelei steckte hinter all dem?

Ich vergaß alle Höflichkeit und stürzte mich auf den Unbekannten, der noch immer mit abgewandtem Gesicht dastand.

»Was geht hier vor?« rief ich, »wer ruiniert mein Lebenswerk? Nie läßt sich dies ersetzen.« Ich stieß noch weitere Worte heraus, unzusammenhängend, wirr – aber der Unbekannte rührte sich nicht.

Zornig packte ich ihn, drehte ihn herum und blickte – in mein eigenes Gesicht, das Gesicht eines alten Mannes, gezeichnet von Enttäuschung und Verbitterung.

Damit war der Traum zu Ende. Ich erwachte und lag lange voller Unruhe. Im Gegensatz zu den allermeisten Träumen war mir von dem soeben erlebten jede Einzelheit in Erinnerung geblieben. Ich wußte, daß er für mich außerordentliches Gewicht hatte, und rang um seine Deutung. Sollten mir die Augen für meinen geheimen Wunsch geöffnet werden, als Maler berühmt zu werden, weltweiten Erfolg zu haben?

Da ich noch von der Enge des Unbekanntseins eingeschlossen war, schien mein Unterbewußtsein zu fürchten, als kleiner Maler von der Macht der Zeit vernichtet zu werden, und mich deshalb aufzufordern, das Äußerste zu wagen und die höchsten Anstrengungen zu machen, um auf dem Kunstsektor einen Namen zu bekommen.

Konnte ich dieses Eigenziel erreichen und zugleich der göttlichen Führung gehorsam bleiben? Mußte ich mich im ersten Fall nicht bedingungslos dem Zeitgeist unterordnen? Was wollte ich tatsächlich?

Tief erschrocken sah ich mich als berühmten Künstler, aber zugleich als Greis, verbittert, enttäuscht, verloren.

›Aber es geht ja um meine und meiner Familie Existenz‹, dachte ich immer wieder. ›Habe ich keinen Namen als Maler, so werden meine Bilder auch nicht gesucht, ich kann nichts verkaufen; und wenn ich etwas verkaufen kann, dann nur zu ganz kleinen Preisen. Es ist doch nur richtig, wenn ich Gott bitte, mir Wege zu zeigen, die mich zum Erfolg führen.‹

Genau hier setzte der innere Kampf ein: Wollte ich mich gefangennehmen lassen vom Schein der Dinge, vom Irrlicht menschlichen Ruhms, oder wollte ich mich gänzlich der göttlichen Führung überlassen und es ihr zutrauen, daß sie mich allen Hindernissen zum Trotz nicht nur hindurchbringt, sondern mir das Leben hier und in der Ewigkeit zur Beute gibt?

Augenkrämpfe

1933 bis zur Gegenwart – in diesem Zeitraum werden viele der älteren Generation Ungewöhnliches durchgemacht haben. Viele könnten ein Buch füllen über Böses und Gutes, das sie und ihre Angehörigen seit 1933 erlebten. Ich möchte mich darauf beschränken, ein paar von vielen Erlebnissen zu berichten, in denen vor allem die göttliche Durchhilfe offenbar wurde.

Zu Beginn des Jahres 1933 lag ich längere Zeit krank. Als mir erlaubt wurde aufzustehen und ich zum erstenmal vor das Haus ging, erschrak ich furchtbar, weil plötzlich überall, wohin ich blickte, in der Mitte des Geschauten eine große Scheibe, gleißend wie die Sonne, alles andere unsichtbar machte. Instinktiv schloß ich die Augen, aber genauso blendete mich die unerträglich helle Scheibe und die zu allen Seiten von ihr ausgehenden grellen Strahlenblitze. Ich hastete ins Haus zurück, preßte die Hände auf die Augen und warf mich auf eine Couch.

Nach einer Weile hörte die Lichterscheinung auf, ich sah wieder normal, aber zugleich hatte ich das Gefühl, als würde mir ein Keil in die Schläfe getrieben. Rasender, stundenlanger Schmerz, Kreislaufkollaps – damit begannen Augenkrämpfe, die sich mehr als zehn Jahre lang fast jede Woche einstellten und mir jeweils einen Tag der Schmerzen, zusammen mit Depressionen, einbrachten.

Wie oft bat ich – und andere baten für mich – um Erlösung. Umsonst! Wozu diese Qual? Warum keine Erhörung?

Muß ich noch sagen, daß diese Schmerzen die Mauer waren, die Gottes Fürsorge und Weisheit um mich baute und mich damit vor vielem, vielleicht auch vor dem Konzentrationslager, schützte?

Eines der vielen Schicksale

Ein mit uns befreundetes Lehrerehepaar im Schwarzwald kam in schwere Bedrängnis. Unser Freund wurde von seinem Schulvorstand angezeigt und eines Vergehens gegen Schulkinder bezichtigt, weil er sich beharrlich weigerte, der Nazipartei beizutreten und offen seine Einstellung bezeugte. Der Schulvorstand wollte sich durch die Anzeige besonders hervortun und stachelte die Kinder gegen unseren Freund auf, der sofort in Untersuchungshaft und später für ein Jahr ins Gefängnis kam – ohne Zubilligung mildernder Umstände, weil er bis zum Schluß seine Unschuld beteuerte.

Seine Frau fühlte sich von allen Seiten angefeindet, ja verfehmt und war drauf und dran, sich das Leben zu nehmen. Deshalb holte meine Frau sie kurz entschlossen in unser Haus, und da blieb sie bis zur Entlassung ihres Mannes.

Einmal im Monat durfte sie ihn besuchen. Jedesmal begleitete ich sie bis zum Gefängnistor, scheel beäugt von den Bewohnern der dahin führenden Straße.

Eine Schwester der so schwer Geprüften war nervenleidend, wurde eines Tages von rüden Beauftragten »in ein Sanatorium« abgeholt, ohne sich verabschieden zu dürfen. Wenige Zeit danach kam die Mitteilung, die Kranke habe unerwartet galoppierende Schwindsucht bekommen, sei gestorben und habe der Ansteckung wegen rasch verbrannt werden müssen. Die Asche der »Entschlafenen« werde durch die Post zugesandt.

Etwa einen Monat vorher hatte mir mein Onkel, Pfarrer N. Fischer, Vorstand der württembergischen Samariterstiftung, auf der Straße – weil uns da niemand zuhören konnte – berichtet, daß er von einer Parteidienststelle vorgeladen worden sei. Dort habe man ihm gesagt, daß die Häuser der Samariterstiftung ab sofort enteignet seien und für interne Parteizwecke verwendet würden.

Onkel fragte, ob es sich um eine kurzfristige Veränderung handle, was mit dem Vermögen geschehe und so weiter.

Darauf erhielt er die brüske Antwort, das gehe ihn nichts an, die Enteignung sei endgültig.

Da zitierte Onkel unerschrocken einen Gesangbuchvers:

»Die Zeit verändert oft sehr viel
und setzet jeglichem sein Ziel.«

»Ich hätte gute Lust, Sie einsperren zu lassen«, brüllte der Funktionär und warf den »Aufsässigen« hinaus.

Dies also erfuhr ich bei dem Gespräch, während wir weitergingen. Aber ich mußte unwillkürlich anhalten, als Onkel fortfuhr:

»Neben unserm schönen Heim auf der Alb haben sie ein Krematorium gebaut. Schwachsinnige, Geisteskranke, Nervenleidende werden in großen Omnibussen ohne Fenster und Lüftung abgeholt. Während der Fahrt wird das Abgas ins Innere der Wagen geleitet und die Leichen anschließend da oben verbrannt. Unser schönes Heim dient dem Personal. Kannst dir denken, saufen und Sex zur Entspannung sind dringend nötig. Von wenigen Eingeweihten abgesehen, weiß niemand, was da vorgeht, aber manche ahnen etwas.«

Wie gesagt, ich mußte stehenbleiben, Luft holen und konnte endlich herausstoßen: »Onkel, das darf nicht wahr sein!«

»Es ist wahr. Jetzt sind die sogenannten Lebensuntüchtigen an der Reihe, später werden die Juden und Christen dran kommen. Glaub mir's! Die machen mit deutscher Gründlichkeit ganze Sache.«

Ich war wie betäubt. Und nun hatte ich den sichtbaren Beweis für die Unmenschlichkeit, Verlogenheit und Heuchelei der neuen Machthaber.

Wirklich kam ein Paket, das wir zunächst nicht öffneten. Natürlich wollte die Schwester der Verstorbenen, daß deren Asche auf dem Heimatfriedhof beigesetzt wurde und daß ein ordentliches Begräbnis stattfindet. Aber der damalige Pfarrer lehnte die Teilnahme an der Beerdigung ab und ebenso der des Nachbarorts.

Nachdem ich beim Bürgermeister die Genehmigung eingeholt hatte, übernahm ich es, der Verstorbenen den letzten Dienst zu tun.

Mit ihrer Schwester ging ich zum Friedhof und trug die von der Post zugestellte Schachtel, die die Urne enthalten sollte. Es entging uns nicht, daß sich da und dort ein Vorhang hinter dem Fenster bewegte und daß neugierige Augen hinter uns drein sahen. Aber nur drei alte Frauen hatten soviel Mut und Liebe, uns am Friedhofseingang zu erwarten. Sonst hatte sich niemand getraut mitzugehen, auch gab es kein Geläute wie bei jedem andern Begräbnis.

Ein armseliges Häuflein, bedrückt und traurig – so standen wir vor der Grube. In einiger Entfernung ging jemand herum und tat, als ob er das Grab eines Angehörigen aufsuchen wollte – klar, ein Parteimann, der horchen und berichten mußte.

Nachdem ich kurz gesprochen hatte, hob ich den Aschenbehälter, eine billige Blechbüchse, aus der Schachtel und las den beigefügten Zettel. Ich hatte mich zum Auspacken niedergebeugt, so merkte niemand meine Überraschung, als ich zur Kenntnis nehmen mußte, daß die Asche des »an Leberkrebs unerwartet verstorbenen Jakob M.« in dieser Dose enthalten sei. Nicht genug, daß alles lieblos verpackt war – wir wußten nicht einmal, ob die Asche oder die Aufschrift oder beides verwechselt wurde.

Schön wie immer leuchtete der Himmel über uns, ruhig standen die Bäume, und buntfarbig blühte es auf den Gräbern. Aber mir war, als schrie die Büchse, die ich versenkte und rasch mit Erde bedeckte, über die Unmenschlichkeit zu Gott.

Krieg

Es war ein heißer Augusttag. Ich hatte bis gegen Abend auf den Feldern zwischen Garbenwagen gezeichnet. Damals wurden die Erntewagen noch von Pferden oder Kühen gezogen, die Garben von Männer- oder Frauenarmen mit Gabeln auf die Wagen geladen. Die Sonne stand tief. Ich machte Schluß und ging heim.

Seltsam, meine Klara stand unter der Tür und hielt nach mir Ausschau. »Erschrick nicht, Karl! Drinnen liegt der Stellungsbefehl. Du sollst morgen um sechs nach Cannstatt in die Reiterkaserne einrücken.«

Natürlich war nicht an Schlaf zu denken. Wieviel mußte noch geordnet werden! Die Stunden schienen nur so dahinzufliegen. Schon graute der Morgen. Es würde wieder ein schöner Tag werden, und doch war alles anders. Jeder Gedanke, jede Regung war erfüllt von Sorge, Angst und der furchtbaren Gewißheit: Krieg.

Viele von uns, die wir an diesem Morgen in die schöne, hoch über der Stadt liegende Kaserne einrückten, wußten, was das Wort »Krieg« in sich schloß, denn wir hatten im ersten Weltkrieg gedient.

Aber die jungen Reiter, die noch in der Kaserne waren und auf ihren Fronteinsatz warteten, wußten das nicht. Deshalb begannen sie sofort ein Geplänkel mit den alten Jahrgängen. »Was für Schlappschwänze wart ihr doch, daß ihr 1914 bis 1918 jahrelang in Erdlöchern und im Stellungskrieg Soldat spieltet! Wir werden anders dreinhauen. Mit Adolf Hitler vorwärts! Wir werden es euch zeigen, was wir für Kerle sind!«

Solche Reden – und ich gebe nur die zahmsten wieder – machten natürlich böses Blut. Die Alten schimpften, die Jungen höhnten. Der Krieg war auch hier, wiewohl unblutig, ausgebrochen.

Früh am nächsten Morgen trat die aktive Schwadron mit ihren Pferden, kriegsmäßig ausgerüstet, zum Abmarsch an. Die tadellos geputzten Pferde, die schmucken jungen Kerle mit ihren frischen Gesichtern unter dem Stahlhelm, alles überglänzt von den ersten Sonnenstrahlen – ein wunderbares Bild!

Das Kasernentor wurde weit geöffnet. In tadelloser Ordnung, aber stumm, ritt die Schwadron hinaus, ohne Abschiedsgruß, ohne Musik. Es griff mir ans Herz. Ob die gestern noch so übermütig und prahlerisch aufgekratzten Reiter plötzlich ahnten, was die meisten von ihnen in Kürze erlebten: »Morgenrot, leuchtest mir zum frühen Tod«?

Verheißung

Als die Schwadron in den Krieg hinausgezogen war, wurden schon in der nächsten Nacht die einberufenen Pferde von ihren seitherigen Besitzern abgeliefert. Pferdegetrampel, Rufe, Kraftworte... Die großen Ställe füllten sich wieder.

Als ich zum erstenmal zur Stallwache eingeteilt wurde und hörte, wer mir beigegeben war, dachte ich zornig: »Ausgerechnet der!« Mein Kamerad war eine unerfreuliche, widerspenstige Type, frech und aufsässig.

Wir hatten unsere hundertzwanzig Pferde versorgt, da brachte der Kamerad in seiner maulfaulen Art die Bitte vor, ich solle ihm erlauben, ein Bier zu trinken. Er komme gewiß rechtzeitig wieder, ehe der Offizier vom Dienst seine Runde macht – und überhaupt, wozu das gut sein solle, daß wir zu zweit den langen schönen Abend im Stall hocken müßten. Genug doch, wenn ich allein dabliebe und abzähle, ob auch alle Kloben (Pferde) da seien.

»Meinetwegen. Aber sei mir ja vor 22 Uhr wieder da!« erinnerte ich ihn.

Nun war ich allein mit den wunderbaren Tieren, die ruhig und zufrieden in ihren Boxen standen, mit Ausnahme von dreien, vor denen eine Tafel warnte. Besonders ein nervöses Pferd war von Anfang an gefürchtet. Es biß, stieg hoch und hatte schon in der ersten Stunde nach seiner Ankunft einen Mann lazarettreif geschlagen. Während ich es betrachtete, sah es mich mit tückischen Augen an. »Hoffentlich machst du uns keine Männchen!« dachte ich.

Noch einmal ging ich die lange Stallgasse auf und ab. An

ihrem Ende lag in einem Nebenraum Stroh. Die letzten Sonnenstrahlen vergoldeten die Halme und verliehen den Spinngeweben an den kleinen Fenstern einen romantischen Schimmer. Abgesehen von den geringen Geräuschen der Pferde war es vollkommen still.

Der staubige Raum wurde mir zur Gebetskammer. Ich kniete nieder, breitete alle meine Sorgen und Ängste vor Gott aus und war mir im Glauben seiner unmittelbaren Nähe gewiß. Unaussprechlicher Friede und ein nie gekanntes Glücksgefühl durchströmten mich. Es war mir, als würde ich innerlich das Wort aus Jeremia 45, 5 vernehmen: »Dein Leben sollst du wie eine Beute davonbringen, an welchen Ort du auch ziehst.«

Mein Kamerad kam rechtzeitig zurück, und gegen Mitternacht legten wir uns in eine leere Box aufs Stroh zum Schlafen gegenüber der Box, in der das bösartige Pferd stand.

Ich mochte eine Weile geschlafen haben, als ich von einem Geräusch erwachte. In dem trüben Licht des Stalls sah ich über mir einen Pferdebauch, neben meinem Kopf einen Pferdehuf und wußte sogleich, daß der Gefürchtete über uns stand. Wenn es irgend geht, tritt ein Pferd nicht auf einen Menschen, aber bei diesem mußte man mit allem rechnen. Eine ungeschickte Bewegung – nicht auszudenken!

So behutsam wie möglich weckte ich meinen Nebenmann. »Leise«, wollte ich noch flüstern, aber schon war er mit einer Schimpfkanonade aufgefahren.

Der Eindringling machte einen Satz und war blitzschnell zu einem andern Pferd hineingesprungen. Wer Pferde kennt, weiß, wie heftig sie in solch einer Lage gegeneinander angehen, wie wild sie sich schlagen und beißen. Die

Wände dröhnten vom Aufschlag der Hufe. Der ganze Stall wurde rebellisch.

Da stand ich, unfähig, irgend etwas zu tun, aber im Augenblick stand mir deutlich vor Augen, was morgen sein würde, wenn nach meiner Stallwache zwei Tiere blutend und schwer verletzt vorgeführt würden. Denken, die Folgen voraussehen, das konnte ich –

Der Kamerad dagegen handelte. Furchtlos drängte er sich zwischen die Pferdeleiber, traktierte sie mit Fäusten und brachte es tatsächlich fertig, den Bösewicht von dem wild ausschlagenden Pferd weg in die eigene Box hineinzumanövrieren. Er beruhigte den Unschuldigen, holte aus seiner Tasche ein paar Zuckerstücke und gab auch eines dem Störenfried, der es willig annahm.

Wieder hatte ich eine Lektion fürs Leben erhalten. Ausgerechnet der mir so unsympathische Kerl meisterte die Lage, der ich nicht gewachsen war, und erwies sich als Kamerad durch seinen sofortigen selbstlosen Einsatz, wodurch er die Ordnung wiederherstellte und uns und den Pferden aus der körperlichen Gefahr half. Außerdem ersparte er uns unangenehme Folgen beim Morgenappell.

Anschließend bekam ich eine schwere Migräne und meldete mich am Morgen nach der Stallwache beim Arzt. Vor mir standen schon mehrere Männer, die sich krank gemeldet hatten, aber der Arzt rief mich als ersten zu sich und veranlaßte, daß ich zunächst Urlaub bekam und dann einen leichten Innendienst erhielt.

Was ich damals noch nicht wissen konnte, steht heute deutlich vor mir: Es war mir in jenem Stall nicht verheißen worden, daß ich es bequem haben würde, im Gegenteil, aber daß ich endlich mein »Leben wie eine Beute« geschenkt erhalte.

Dienst am Evangelium

Unser Regimentskommandeur Major Dopfer, im Zivilleben Leiter eines Stuttgarter Großbetriebs, war ein vorbildlicher Offizier. Sein Andenken steht bei allen Kameraden von damals hoch in Ehren. Trotzdem war ich froh, daß ich nach entsprechenden Untersuchungen wegen meines Herzfehlers und meiner Augen als »für den Militärdienst dauernd untauglich« entlassen wurde.

Von Kuppingen aus konnte ich manchen Pfarrer im Kreis vertreten und war an vielen Sonntagen mit dem Fahrrad unterwegs zu irgendeinem Predigtgottesdienst.

Nachdem Hitler 1943 in Stalingrad und bei andern sinnlosen Einsätzen Hunderttausende erstklassige tapfere Offiziere und Mannschaften geopfert hatte, mußten notgedrungen auch die wieder herangezogen werden, die wie ich im Wehrpaß den Vermerk »dauernd untauglich« trugen. Bei zwei Musterungen gab es meinetwegen eine scharfe Auseinandersetzung zwischen dem Leiter des Wehrmeldeamts und dem untersuchenden Arzt.

»Irgendeinen Dienst in der Kaserne kann der Mann doch tun«, schrie der Herr Oberst zornig.

»Es geht gegen mein Gewissen«, beharrte der Arzt unerschütterlich.

»Dann raus mit Ihnen«, brüllte der Oberst und wies mir die Tür.

1944 wurde ich wieder zu einer Musterung befohlen. Diesmal saß nicht mehr ein pflichtbewußter Arzt im Raum, sondern ein SS-Doktor, der kaum oder gar nicht auf das einging, was die Männer vorbrachten. Nach einem kurzen Blick auf die seitherigen Untersuchungsergebnisse sagte er zu mir: »Für Sie ist der Kommiß geradezu ein Sanatoriumsaufenthalt.«

»Also kv. (kriegsverwendungsfähig)«, wiederholte der Herr Oberst und setzte hinzu: »Wir haben uns ja schon mehrmals gesehen.« Seine Genugtuung war ihm anzumerken, daß es endlich nach seinem Willen ging.

Dieser Bescheid machte es mir leicht, der Bitte des Pfarrers eines Nachbardorfes zu entsprechen und den Gedächtnisgottesdienst für einen Gefallenen zu übernehmen, der in der Partei einen hohen Rang gehabt, aber nach und nach seine Begeisterung für Hitler als Irrtum erkannt hatte. Nachdem er sehend geworden war, wußte er sich nicht anders zu helfen, als sich freiwillig an die russische Front zu melden, wo er fiel. In seinen letzten Briefen schrieb er seiner Frau, daß er bewußt Christ geworden sei und sein Heil allein im Glauben an Jesus Christus sehe. In Vorahnung seines Todes bat er, seiner nicht als eines Parteifunktionärs zu gedenken, sondern ihm in der Kirche einen christlichen Trauergottesdienst zu halten.

Die Witwe wollte seinen letzten Wunsch erfüllen, brachte aber ihren Ortspfarrer in schwere Bedrängnis. Das konnte doch nicht zugelassen werden, daß ausgerechnet ein Genosse der Parteispitze einen kirchlichen Gedächtnisgottesdienst erhält und damit in erster Linie als Christ und erst in zweiter Linie als Parteimann erscheint. Das war ein heißes Eisen für den Pfarrer; denn alles, was er sagen würde, konnte ihm falsch ausgelegt werden. Jedenfalls hatte er nichts Gutes von der Partei zu erwarten und war sehr erleichtert, als ich zusagte, den Gedächtnisgottesdienst zu übernehmen. Vom heutigen Standpunkt aus fällt es leicht, über diesen Pfarrer abschätzig zu urteilen. Aber wer nicht in einem antichristlichen diktatorischen Staat gelebt hat, ist überhaupt nicht imstande, sich in seine Lage hineinzudenken.

An diesem Trauergottesdienst nahm mein Vater teil und hörte mich zum erstenmal das Evangelium verkündigen. So erlebte er, daß sein Wunsch, den Sohn im Pfarrdienst zu sehen, wenigstens auf diese Weise in Erfüllung ging. Zwei Tage später mußte ich einrücken.

Dem Ende entgegen

Es kam ein Tag, der sich unauslöschlich in meinem Gedächtnis eingegraben hat. Ich sehe mich mit Stahlhelm und Gewehr in einem Erdloch liegen, weitab von meinen Kameraden. Hoch über uns surrte Pulk um Pulk feindlicher Flieger Richtung Württemberg. Ich meinte innerlich zu hören: »Das ist das Ende.«

Unaufhörlich mußte ich an das letzte Gespräch mit meinem Vater denken. Er sagte mit großer Bestimmtheit, daß jetzt das Ende unsers Äons gekommen sei und der wiederkommende Christus die große Erlösung bringen werde. Ich antwortete, daß ich an diesen frühen Zeitpunkt nicht glauben könne. Dann aber schwieg ich, als ich merkte, daß mein Vater sich von seinen Gedanken nicht abbringen lassen wollte.

Zwei Tage später eröffnete mir der Kompanieführer, mein Vater sei durch eine Bombe getötet worden.

Es reut mich noch heute tief, daß ich damals, als der Anschlag gegen Hitler mißlang und die Macht der SS danach noch allumfassender und radikaler wurde, laut sagte: »Gott mag auch allmächtig sein, gegen die SS unter Hitler kommt er nicht auf.« Wohl fand ich rasch wieder zurück zum Glauben an Gottes alleinige Allmacht und bereute meine Auflehnung von Herzen, aber ein Rest der schweren Anfechtung war noch immer in mir.

Mitte April 1945 befand ich mich mit etwa 20 Mann bei einer Rauhfuttersammelstelle in Gaildorf, einem entzückenden Städtchen in Nordwürttemberg. Der Chef, Oberzahlmeister Hertrich, hatte den Befehl erhalten, sich mit seinen Leuten in die »Festung Alpen« zurückzuziehen. (Eine der Wahnsinnsvorstellungen am Ende des Krieges war, Hitler könne von dort aus alle Angriffe der Alliierten abwehren und den Endsieg gewinnen, obwohl jeder wußte, daß im Gebirge weder Lebensmittel noch Munition für solch ein Unternehmen vorhanden waren.)

Oberzahlmeister Hertrich umging den Befehl, indem er aus eigener Vollmacht eine Ortskommandantur in Gaildorf errichtete, die tagsüber kaum, aber bei Nacht sehr in Anspruch genommen wurde.

Da kam etwa ein Zivilist, der gemerkt hatte, daß eine ganze SS-Division heranrückte, und der ein Papier brauchte, womit er sich ausweisen konnte. Er hatte einen Mordsschrecken bekommen, als er hörte, daß da und dort Deserteure von der Feldgendarmerie kurzerhand erschossen oder aufgehängt wurden.

Dann schob sich ein Soldat im Stahlhelm, aber ohne Gewehr herein, der sich kaum aufrecht halten konnte und heulend meldete, daß er knapp 15 Jahre ist und mit vielen Altersgenossen vor 14 Tagen in die Kaserne zu . . . eingezogen wurde. Vor zwei Tagen sei Alarm gegeben worden. Man habe jedem rasch ein Gewehr und Munition in die Hand gedrückt und die Kompanie gegen heranrückende Panzer eingesetzt. Niemand von den Jungen habe gewußt, wie man schießt, was man tun soll. So habe er sich am Flußufer unter einer Weide versteckt und sei in der Nacht hierhergelaufen.

Kaum hatte er seinen Ausweis, als ein blutjunger SS-Offizier hereinkam. »Kapituliert wird nicht«, rief er, »aber ich brauche was für meine Männer. Hier ist doch ein Versorgungslager. Geben Sie mir den Schlüssel.«

Es gefiel mir, daß der Offizier um seine Leute besorgt war.

»Ich kann Ihnen den Schlüssel nicht geben«, antwortete Oberzahlmeister Hertrich.

»Verstehe«, erwiderte er. »Sagen Sie mir wenigstens, wo das Lager ist.«

»Das zu sagen, ist mir nicht verboten.«

»Mehr brauche ich nicht. Wir holen uns das Nötige.« Er ging.

Bedrückt dachte ich: Wenigstens werden die Männer heute nacht noch einmal wirklich satt. –

Mitternacht war vorüber. Mit einem Kameraden zusammen, der aber in einer Ecke schlief, war ich allein in der Kommandantur.

Die Tür flog auf. Mit stierem Blick wie ein Betrunkener kommt ein General herein, beachtet mich überhaupt nicht, sondern wirft sich auf den nächsten Stuhl. Ich stehe stramm wie eine Bildsäule, unfähig, eine Meldung zu machen. Dem General folgen ein Major und ein Hauptmann.

Der General kurbelt an einem Feldtelefon herum, das auf dem Tisch steht, sucht es in Gang zu bringen.

Ich wage zu bemerken, das Ding sei längst kaputt.

Ganz menschlich, in fast versöhnlichem Ton antwortet er mir: »Genau wie –« dann unterbricht er sich. Noch ist es gefährlich, seine Meinung zu sagen.

Der Major hat die Arme auf den Tisch und auf sie den Kopf gelegt. Er ist am Ende seiner Kraft.

Dagegen sitzt der junge Hauptmann mit wachem Blick da, allerdings in ganz unvorschriftsmäßiger und respektwidriger Weise mit dem Rücken gegen den Herrn General.

»Also«, beginnt dieser nach einer Weile, »Sie, Herr Major,

lassen sich von den Panzern überrollen und greifen sie dann im Rücken an. Und Sie, Herr Hauptmann ...«

Brüsk unterbricht dieser ihn. »Welcher Idiot kann sich solch einen verrückten ... ausdenken!« murrt er, ohne sich nach seinem Chef umzudrehen.

Ich denke bei mir: ›Dieser Hauptmann – ein Fall für das Kriegsgericht.‹

Längere Zeit Schweigen. Endlich gibt sich der General einen Ruck, steht auf, geht auf die Tür zu, die ich vor ihm aufreiße, und läuft wortlos in die Nacht hinaus, gefolgt von seinen zwei Offizieren.

»Das ist das Ende ...« Wie benommen sage ich das immer wieder vor mich hin. –

Tags darauf wurde Gaildorf beschossen. Gegen Abend, während viele Häuser brannten, ohne daß jemand wagte, sie zu löschen, sprang ich, von einem Haus zum andern Deckung suchend, in das Dekanat, bekam von der Familie des mit mir verwandten Dekans einen Zivilanzug und kehrte mit ihm zurück in mein Quartier.

In der Uniform, umgeschnallt, saß ich im Keller eines Gasthauses. Ich wußte, daß morgen die Entscheidung fallen würde. Während meines Gebets erfüllte mich große Ruhe, wich alle Angst. Schließlich schlief ich ruhig ein und erwachte erst morgens um sechs Uhr frisch und neu gestärkt, als die schöne Kocherbrücke von den Deutschen gesprengt wurde. Das eindrucksvolle alte Schloß und viele Häuser wurden dadurch schwer beschädigt und lange Zeit der Verkehr zwischen den beiden Stadtteilen für die Bevölkerung unterbrochen. Aber der Vormarsch der amerikanischen Panzer erlitt keinen Aufenthalt.

Nach der Sprengung ging ich in Uniform in den etwa 200

Meter entfernten Keller, worin meine Kameraden eng beieinander saßen, fast wie schutzsuchende Kinder.

»Möchte mich verabschieden«, sagte ich.

»Sie sind verrückt, Kühnle«, sagte der Feldwebel M. »Wenn Sie hinaus auf die Straße gehen, fallen Sie der SS in die Hände, die Sie kurzerhand mitnimmt, oder trifft Sie eine Amigranate. Bleiben Sie hier! Wir übergeben uns.«

»Nochmals auf Wiedersehn!« sagte ich und ging.

Wie durch ein Wunder gelangte ich, ungesehen von Freund und Feind, in mein Quartier zurück, ging in meine Kammer, zog die Uniform aus, gab sie einem im Haus untergebrachten Flüchtling, warf noch einen Blick auf meine Habe, fiel auf die Knie und betete kurz. Dann ging ich im Zivilanzug die Treppe hinab und zur Haustür hinaus.

Sofort richtete sich eine Maschinenpistole auf meine Brust.

»Good morning«, sagte ich freundlich und ging davon, von verdutzten Blicken des Amis gefolgt.

Weit drüben standen, von Amerikanern bewacht, an einer Hauswand meine Kameraden. Den Zivilisten K. K. erkannten sie nicht mehr. Mir krampfte sich das Herz zusammen. Weiter lief ich an Panzern und Truppen vorbei als einziger Bewohner der Stadt, der sich auf die Straße gewagt hatte, seltsam angestarrt von den fremden Soldaten, und kam in das Dekanat.

Alles, was ich tat, geschah wie in Trance. Besser ausgedrückt: ich fühlte mich geleitet von meinem unsichtbaren Herrn, von ihm gedeckt und mit dieser unbegreiflichen inneren Ruhe und Sicherheit erfüllt.

Kaum war ich im Dekanat, als bekanntgegeben wurde, daß kein Deutscher das Haus verlassen darf und daß bei Todesstrafe jeder irgendwo noch vorhandene Soldat gemeldet werden muß. Wäre ich nicht sofort aus meinem Quartier fortgegangen, sicher hätten mich die vielen in jenem Gasthaus untergebrachten Einheimischen und Evakuierten angezeigt, und ich wäre wie meine Kameraden zunächst in amerikanische und später in französische Gefangenschaft gekommen.

Fürs erste war ich gerettet. Aber ich durfte es meinen Verwandten nicht zumuten, mich zu verbergen und sich selbst dadurch aufs schwerste zu gefährden. Wir beschlossen, daß ich mich am nächsten Morgen dem amerikanischen Kommandeur stellen und es seiner Entscheidung überlassen soll, ob ich in Gefangenschaft komme oder frei ausgehe.

Da der Dekan und der katholische Stadtpfarrer sich dem Kommandeur vorstellen wollten, begleiteten sie mich.

Der Kommandeur rief einen jungen Offizier – offensichtlich war es ein ehemals deutscher Jude. Der hörte uns an und fragte mich: »Waren Sie Mitglied der NSDAP?«

Ich antwortete: »Nein.«

»Womit können Sie das beweisen?« erwiderte er.

Jetzt mischte sich der Dekan ein und sagte, daß ich im Dienst der Kirche gestanden hätte.

»Dann sind Sie entlassen. Aber es wird gut sein, wenn Sie hierbleiben, bis geordnete Verhältnisse geschaffen sind.«

Ich war frei.

Ein paar Stunden später brachte das Radio eine Ansprache von Goebbels. Es fröstelte mich geradezu, diese Stimme zu hören, die elf Jahre hindurch dem deutschen Volk eingepeitscht hatte, daß Adolf Hitler der größte Politiker der Weltgeschichte, der größte Feldherr aller Zeiten, der größte Kunstsachverständige und so weiter sei. Auch jetzt noch, als ich diese Stimme zum letzten Mal hörte, beteuerte sie in aufreizendem und zugleich beschwörendem Ton, daß der Führer nicht nur ein Mensch, sondern größer als ein Mensch sei. Dies erschien mir angesichts des weltweiten Unheils durch den Krieg, die KZs, die Judenverfolgungen und der daraus auf lange Sicht entstehenden Folgen wie der letzte, unheimliche Ausbruch völligen Wahnsinns.

Ich ging in einen stillen Raum und las laut das aus Versen gleich Felsblöcken bestehende 32. Kapitel des Propheten Hesekiel. Dieses eindrucksvolle Klagelied auf den Pharao schien mir auch auffallend für Hitler und das Dritte Reich zu passen:

»Du Menschenkind, stimm ein Klagelied an über den Pharao, den König von Ägypten, und sprich zu ihm: Du Löwe unter den Völkern, wie bist du dahin! . . . Und wenn du dann ganz dahin bist, so will ich den Himmel verhüllen und seine Sterne verfinstern . . . Alle Lichter am Himmel lasse ich über dir dunkel werden . . .

Von ihm werden sagen unter der Erde die starken Helden mit ihren Helfern: Sie sind hinuntergefahren und liegen da, die Unbeschnittenen und mit dem Schwert Erschlagenen . . . von denen einst Schrecken ausging im Lande der Lebendigen . . .«

Wer sich Zeit nimmt, dieses schaurige Totenlied laut zu lesen, wird die gewaltige Sprache in ihrer ganzen Wucht verstehen.

Flucht

Nach kurzer Zeit zogen die Amis ab, und ihnen folgten Franzosen als Besatzungstruppen. Der Bürgermeister von Gaildorf riet deshalb einige Tage später dem Dekan, er möge mir nahelegen, daß ich Gaildorf verlasse und versuche, mich in die Heimat durchzuschlagen. (Unter französischer Besatzung begannen jene schmählichen Denunzierungen, durch die sich manche Elemente wichtig machen oder sich an andern rächen wollten.) Der Bürgermeister meinte, da ich bei der Entlassung keine Entlassungsurkunde erhalten hätte, könnte ich angezeigt und doch noch in Gefangenschaft gebracht werden, weil die Franzosen auf alle Jagd machten, die irgendwie als verdächtig gemeldet wurden.

Ich bekam ein vom Rathaus und Dekanat abgestempeltes Papier, daß ich in der Kirche als Lektor tätig gewesen und auf dem Heimweg begriffen sei. Meine Schwester besorgte mir einen alten Klepper von Fahrrad, dessen Freilauf oft im entscheidenden Augenblick versagte. Eine Militärdecke und etwas Verpflegung schnürte ich auf den Gepäckträger, setzte meine dunkle Brille auf und darüber einen Augenschild, durch den mein Gesicht verfremdet wurde, verabschiedete mich unter herzlichem Dank von meinen Gastgebern und fuhr los.

Da ich Nebenwege durch Waldgebiete benutzte, kam ich zunächst ungehindert weiter. Nur einmal, als die für Deutsche geltende Sperrstunde längst überschritten war, hielt mich ein amerikanischer Jeep an. Ich wollte meinen Ausweis hervorziehen. Aber die Amis winkten ab und fragten nach einem bestimmten Ort. Wie froh war ich, daß ich die Karte gut studiert hatte und die Richtung dorthin beschreiben konnte. Die Amerikaner bedankten sich und fuhren weiter.

Wohlbehalten erreichte ich ein kleines Dorf, in dem Freunde lebten, die mich herzlich aufnahmen.

Am nächsten Morgen fuhr ich zunächst zu meinem in der Nähe wohnenden Bruder. Er war von den Amerikanern als Bürgermeister eingesetzt worden. So hätte ich gut bei ihm und seiner Familie bleiben können. Aber es drängte mich, nach Hause zu kommen.

In Eßlingen wollte ich die damals den Neckar entlanglaufende Grenze zwischen der amerikanischen und französischen Zone überschreiten. In der Stadt fiel mir auf, daß mich zwei deutsche Polizisten seltsam betrachteten. Einer schien mich anhalten zu wollen, der andere winkte ab. Die wenigen Einheimischen auf der Straße staunten mich an wie ein Fabelwesen.

Als ich hinunter zur Altstadt kam, stieg ich in der Nähe des Neckars vom Rad und fragte zwei Frauen, die sich auf der Straße unterhielten, nach dem Weg zur Brücke.

»Ja, sind Sie denn ein Deutscher?« fragten beide wie aus einem Mund. »Und kommen auf dem Fahrrad daher, als wäre alles wie im Frieden! Wissen Sie denn nicht, daß alle Fahrräder abgeliefert werden mußten, daß es streng verboten ist . . . Über die große Brücke kommen Sie nie und nimmer, die ist hüben und drüben scharf bewacht. Was stellen Sie sich denn vor? Höchstens vielleicht – der kleine Steg weiter oben, das wäre eine Möglichkeit, wenn Sie Glück haben. Nein, so was, radelt der am hellen Mittag durch die ganze Stadt, will auch noch über die Brücke, und dazu sieht doch jeder, daß er Soldat war, und seine Militärdecke hat er auch noch aufgeschnallt . . .« Die Frauen konnten sich gar nicht beruhigen.

Ich dankte und fuhr zu dem angegebenen Steg.

Aber was sehe ich da? Zur Linken direkt vor dem Steg ein Zelt. Vier Amis hocken davor und essen zu Mittag. Rechts vor den Stufen, die zum Steg hinaufführten, ein baumlanger Soldat, der sich an das Geländer lehnt, in der Linken einen Napf hält und stehend ißt.

Was sich nun abspielt, geschieht nicht durch meine Entschlossenheit, ist nicht mein Tun. Ich kann weder denken noch planen, sondern fühle mich vollständig geführt.

Ohne eine Sekunde zu zögern, fasse ich mein Rad mit der Linken, hebe es auf, schiebe mit der Rechten den Soldaten mit seinem Eßgeschirr vorsichtig zur Seite, steige die Stufen hinauf, trage das Rad eilend auf die andere Seite, steige dort die Stufen hinunter, sitze auf und fahre weiter, ehe ein Ami drüben oder ein Franzose hüben auf die Idee kommt, mich aufzuhalten. Die Amis sind verblüfft, ebenso die Franzosen.

Ich radle, so schnell ich kann, weiter. Aber eine Kugel – denke ich – könnte noch schneller sein.

Gott sei Dank, jetzt geht es um eine Hausecke! Damit bin ich aus dem Schußfeld.

Bald habe ich die breite Straße erreicht, die vom Tal auf die Filderhochebene hinaufführt. Erst jetzt, während ich das Rad schiebe, kommt mir zum Bewußtsein, in welcher Lage ich gewesen war.

Fast geht es mir wie jenem Reiter, der im Winter zum Bodensee reiten wollte, gegen Abend lange Zeit durch dicken Nebel ritt, endlich aber zu einem Haus kam, wo er nach dem Bodensee fragte. Als man ihm sagte, der See liege hinter ihm, er sei über den vereisten See geritten, sank er tot vom Pferd. Plötzlich wird mir schlecht. Ich werfe das Rad an die Böschung und setze mich daneben, will Brot aus der Tasche nehmen, aber jäh wird alles dunkel.

Dann höre ich Marschtritt. Also bin ich auf dem Marsch zur Front. Also ist wieder Krieg. Doch nein! Langsam erhellt sich mein Gesichtsfeld wieder. Vor mir auf der Straße marschiert französische Infanterie hinab zur Stadt. Allmählich sehe ich wieder ganz klar und begreife, daß ich ein Wunder erlebt habe.

Aus tiefstem Herzen danke ich dafür und bitte zugleich um neue Kraft. Während ich das Rad vollends auf die Höhe hinaufschiebe, wiederhole ich mir die Jesaja-Worte: »Die Knaben werden müde und matt, und die Jünglinge fallen; aber die auf den Herrn harren, kriegen neue Kraft, daß sie auffahren mit Flügeln wie Adler, daß sie laufen und nicht matt werden, daß sie wandeln und nicht müde werden.«

In den Dörfern ist kaum jemand zu sehen, auf dem freien Feld überhaupt niemand. Die Wälder stehen im ersten Grün, die Felder glänzen in der Sonne; aber es kommt mir vor, als sei das Land von den Bewohnern verlassen und ich der einzige Mensch auf der Landstraße, der Letzte, der noch auf einem Fahrrad sitzt. Die Stille ist beklemmend und wird nur von dem bedenklichen Knacken des Freilaufs unterbrochen. Hoffentlich hält er durch.

In W. zieht sich eine hohe Stützmauer am Hang neben der Straße entlang. In ihr sehe ich zu meiner Freude eine Nische mit Brunnen. Ich lehne mein Fahrrad in die Nische und trinke. Köstliches Wasser! – Unterdessen fährt draußen ein Jeep vorbei, vielleicht französische Feldgendarmerie. Im Schatten der Nische und durch die Mauer bin ich vor ihren Blicken verdeckt.

Warum muß ich an eine Begegnung in München vor dem Krieg denken? Ich stand damals vor einem Kaufhaus, während SA-Leute vorbeikamen, die großspurig die halbe Breite des Bürgersteigs einnahmen. Da schob sich jemand hinter mich. Als ich mich umwandte, blickte ich in die flehentlich aufgerissenen Augen einer Frau und entdeckte zugleich den gelben Judenstern auf ihrer Bluse. Schnell sah ich wieder nach den SA-Leuten, deckte aber die Erschrockene mit meinem Rücken. Als die SA-Männer abgezogen waren, grüßte ich und ging weiter.

Wäre mir der Jeep auf freier Landstraße begegnet – wer weiß, ob mein dürftiger amerikanischer Ausweis genügt hätte?

Mit jedem Kilometer, den ich vorwärts kam, rückte die Heimat näher. Es werden, schätzte ich, höchstens noch zwölf Kilometer nach Hause sein. Sobald meine Straße auf die große Straße Tübingen–Böblingen stößt, wo der schöne Gutshof steht, hinter dem ein Feldweg in das nächste Dorf führt, werde ich bereits auf heimatlichem Boden sein, wo ich mich überall auskenne. Wäre ich nicht so müde, würde ich ein Lob- und Danklied angestimmt haben.

Frohgemut nähere ich mich dem einsam gelegenen Gebäude – und erschrecke bis ins Mark. Da stehen sieben oder acht junge Kerle, wahrscheinlich Polen, grinsen mir entgegen, und einer macht Anstalt, sich auf mich zu stürzen. Ringsum kein Mensch, auf den Straßen kein Fahrzeug. Vermutlich waren die Bewohner des Gutshauses geflohen, und die Polen, die vielleicht auf dem großen Gut als Feldarbeiter eingesetzt waren, hatten das Haus für sich beschlagnahmt. Weil sie aus Polen deportiert und mehr oder weniger zwangsverpflichtet als Arbeiter bei uns eingesetzt waren, konnte ich verstehen, daß in vielen Haß und Rachsucht loderten.

Ehe ich in Gaildorf weggefahren war, hatten Polen einen etwas am Rand der Stadt in einem mehr als bescheidenen Häuschen lebenden alten Mann erschlagen, in einer Mühle alle Bewohner umgebracht.

Der Neckarübergang erschien mir angesichts dieser Situation geradezu harmlos; denn ich mußte froh sein, wenn ich nur ausgeraubt und nicht auch noch niedergeschlagen wurde. Und genau hier kann ich nicht rasch vorbeifahren.

Da, ein Pfiff! Schrilles Gelächter. Die Burschen schauen von mir weg auf ein paar Mädchen, die, neu gekleidet und mit großen Schachteln beladen, von Böblingen kommen. Klar, die haben dort »eingekauft«, besser gesagt: geplündert, und sich neu ausstaffiert. Jetzt wollen sie von den Männern bewundert werden.

Dieser kurze Moment genügt mir. Ich rufe Gott an und hoffe inbrünstig, daß der störrische Freilauf richtig funktioniert. Er tut es. Wie ein Pfeil schieße ich an der Gruppe vorüber.

Hinter mir drein wütendes Geschrei. Einige springen mir nach – aber der Weg führt abwärts, und ich bin gerettet.

Auch dies war wieder ein deutliches Wunder. Zwar kam dabei nichts Ungewöhnliches vor; aber daß die Mädchen gerade in dem Augenblick die Aufmerksamkeit der Polen auf sich zogen, als ich vorbeifahren wollte, geschah durch die Hand des Herrn, dem ich meine Rettung aus dieser Gefahr verdanke.

In Hildrizhausen, einem schönen Dorf vor Herrenberg,

bekomme ich Milch und Brot von einer mitleidigen Bäuerin. Nun steht mir noch die Fahrt durch den großen Herrenberger Stadtwald bevor, dessen hohe Buchen bereits im Abendschein leuchten. Ich weiß, daß ich als Deutscher nicht mehr auf der Straße sein darf, aber ich fahre weiter.

Die Straßen in Herrenberg sind menschenleer. Auf dem Hasenplatz, den ich überquere, spielen Soldaten Fußball und kümmern sich nicht um mich.

Dann komme ich zur großen Kreuzung der Straßen Stuttgart–Horb–Straßburg und Tübingen–Calw–Pforzheim, wo auf einem Postament ein Neger mit weißem Mantel den Verkehr der französischen Fahrzeuge regelt. Der Neger sieht mich auf dem Fahrrad daherkommen und lacht über das ganze Gesicht, daß seine weißen Zähne jede Zahnpasta-Reklame in den Schatten stellen. Solch einen Kerl wie mich hat er anscheinend noch nie gesehen. Sofort stoppt er die von Stuttgart kommenden Militär-Kraftfahrzeuge und gibt mir ein Zeichen, daß ich Richtung Kuppingen weiterfahren kann. Ist das möglich? Am liebsten hätte ich den Mann umarmt.

Oft, wenn ich heute über diesen Platz fahre, sehe ich im Geist diesen schwarzen Verkehrspolizisten stehen und mir lachend zuwinken . . . Gott wird es ihm vergelten.

Wieder daheim

Vor dem Haus meiner Familie öffne ich das alte Gartentürchen.

Eines meiner Kinder ruft: »Der Vater!« und stürzt mir entgegen.

Im Nu bin ich von meinen Kindern umringt, ziehe lachend meine Frau in die Arme, begrüße unsere Tante, dann die treue Erna, die als Rotkreuzschwester meiner Frau in den schlimmsten Tagen der Eroberung als treuer Engel zur Seite stand. Dann lerne ich zwei Berliner Damen kennen, die in einem Kuppinger Bauernhaus einquartiert waren und keine Bleibe mehr hatten, als dieses Haus zusammengeschossen wurde. Meine Frau nahm beide auf, und sie wohnten dann über ein Jahr bei uns. Auch ein älteres und ein jüngeres Mädchen ohne Heimat hatten sich zu ihr gerettet. Alle miteinander wurden von meiner Frau untergebracht und versorgt. Gleich nach der Beschießung unseres Dorfes wurde außerdem eine schwer nervenkranke, bettlägerige Frau in unser Haus getragen. Ich war froh, daß ihre Angehörigen sie wieder abgeholt hatten.

Die Scheune unsers Nachbarn war abgebrannt. Vor und hinter unserm Haus hatten Granaten eingeschlagen. An den Wänden unseres Hauses gab es viele Löcher. Aber wir sahen es als ein Wunder der Bewahrung an, daß unser Haus nicht durch Volltreffer zerstört wurde. In einem Raum hatte ich einen Stapel Mal-Leinwand gelagert, die auf hölzerne Rahmen gespannt war. Der Stapel hatte angefangen zu brennen. Rahmen und Leinwand waren trokken, und von allen Seiten hatte Luft Zutritt. Normalerweise hätte der Stapel lichterloh brennen und das ganze Haus in Brand setzen müssen. Aber auf unerklärliche Weise ging das Feuer wieder aus. Das war das zweite Wunder.

Hatte ich nicht allen Grund, dem Herrn für seine Durchhilfen und Bewahrungen ununterbrochen zu danken und ihn zu loben?

Viele, die dem Herrn treuer nachfolgten als ich und für das allgemeine Wohl einen wichtigeren Beruf ausübten, erlebten solche wunderbaren Führungen nicht. Sie mußten an der Front und in Gefangenschaft Schweres durchmachen. Als sie endlich heim kamen, haben sie vielleicht ihr Haus zerbombt und die Familie zerstreut oder gar nicht mehr gefunden.

Um so lebendiger kam und kommt bis heute das Lob Gottes aus meinem und meiner Klara Herzen. Aber genau hier setzte bald genug die Macht der Finsternis an und suchte die Herzlichkeit und Beständigkeit des Dankens zu vermindern und zum Versiegen zu bringen.

»Gewiß, du bist daheim«, begann vorsichtig der Feind, »aber wie soll es nun weitergehen? Bedenke: Deine Frau, vier Kinder, die Tante, die heimatlos gewordenen drei Frauen, das zu euch geflüchtete junge Mädchen – wie willst du alle versorgen? Woher das Geld, die Lebensmittel, die Kleidung nehmen? Woher sollen die Mittel und das Material kommen, die Schäden am Haus ausbessern zu lassen?

Wie stellst du dir's vor, den Lebensunterhalt als Maler zu verdienen, wo ringsum alles zerstört ist und das Geld über kurz oder lang wertlos sein wird? Hast ja schon mal eine Totalinflation erlebt, na also! Und dann, woher willst du überhaupt Farben, Leinwand, Öl und deinen übrigen Bedarf beziehen? Selbst wenn du, was zum Malen nötig ist, auftreiben solltest – wie willst du dich behaupten, nachdem eine radikale Wandlung in der Malerei eingetreten und die abstrakte Kunst allbeherrschend geworden ist? Du mit deinem Bemühen, das Sichtbare geisterfüllt sichtbar zu machen, wirst nicht mehr gefragt sein. Nichts verdienen können und noch als rückständig, als Vorgestriger belächelt oder beschimpft werden – du weißt, das ist bitter.

Älter wirst du auch. Kannst als Freischaffender nicht in die AOK eintreten, wirst also auch keine Altersversorgung haben – und überhaupt, du mit deinem schwachen Herzen, deinen gefährdeten Augen . . .«

Diese Vorhaltungen des Sorgengeistes mußte ich innerlich bald stärker, bald schwächer hören. Unzählige, die dem Herrn Jesus entschieden nachfolgen wollen, kennen die Anfechtungen, die gerade nach besonderen Durchhilfen, nach außerordentlichen Erlebnissen durchzustehen sind. Besonders hart können sie werden, wenn sie, wie wir es erleben sollten, von äußerer Not und Bedrängnis fast zwei Jahrzehnte lang genährt werden; wenn der Steuerhelfer eines Tages erklärt, daß wir nach dem Gesetz eigentlich den Bankrott anmelden müßten.

Damals erhielt ich den Besuch der Frau Hiob. Sie kennen die Dame nicht? Seinerzeit war sie die Gattin jenes reichen Mannes, der dem Satan von Gott als »fromm und rechtschaffen, gottesfürchtig und meidet das Böse« vorgestellt wurde. Sie kennen den weiteren Verlauf:

»Der Satan antwortete dem Herrn und sprach: Meinst du, daß Hiob Gott umsonst fürchtet? Hast du doch ihn, sein Haus und alles, was er hat, ringsumher beschützt. Du hast das Werk seiner Hände gesegnet, und sein Besitz hat sich ausgebreitet im Lande. Aber strecke deine Hand aus und taste alles an, was er hat: was gilt's, er wird dir ins Angesicht absagen!«

Als Hiob, seiner Kinder und seiner ganzen Habe beraubt, in tiefstem Krankheitselend saß, riet ihm seine Frau: »Sage Gott ab und stirb!«

Diese Frau Hiob lebt in vielfältiger Gestalt bis zum heutigen Tag und erscheint immer in Augenblicken tiefer Niedergeschlagenheit. Ihre Argumente sind einleuchtend, und ihre Teilnahme ist mehr wie gefährlich. Sie hat ja, so scheint es, in allem recht. Ihre Spezialität ist – angeblich gegen die Niedergeschlagenheit –, tiefes Selbstmitleid wie einen wohltuenden warmen Umschlag um das schmerzende Herz zu legen. Frau Hiob ist so besorgt um uns und will uns gar nicht allein lassen, sie redet und meint es – so behauptet sie – nur gut mit uns.

Aber es gibt Worte, mit denen man sie rasch los wird:

»Wenn es dich müde macht, mit Fußgängern zu gehen, wie wird es dir gehen, wenn du mit Rossen laufen sollst?« (Wort Gottes an Jeremia – 12, 5).

»Gebt, so wird euch gegeben. Ein volles, gedrücktes, gerütteltes und überfließendes Maß wird man in euren Schoß schütten« (Zusage Jesu Christi – Luk. 6, 38).

»Alle eure Sorge werft auf ihn!« (schreibt Petrus – 1. Petr. 5, 7).

»Sagt Gott, dem Vater, allezeit Dank für alles, im Namen unsres Herrn Jesus Christus« (schreibt Paulus – Eph. 5, 20).

»Dein Wort ist meines Herzens Freude und Trost«, äußert Jeremia Gott gegenüber (Jer. 15, 16). Den Trost von Gottes Wort durfte ich auch erleben.

Außerdem schenkte mir Gott wie zur Bestätigung seines Wortes Zeichen der Ermunterung zu neuer Zuversicht. So kletterte eines düstren Abends meine vierjährige Irmintraut auf meinen Schoß, streichelte mich mit ihren zarten Händen und sagte begütigend: »Mußt nicht traurig sein, du hast ja *mich!*«

Mir war, als wollte mir Gott durch das Kind, das wie ich von der Not bedroht war, sagen: »Wenn schon das kleine Kind dir Hilfe bringen will, das selbst der Hilfe bedarf – sollte ich dies *nicht* tun können?«

Ebenso erlebte ich die Güte Gottes in der Glaubenskraft und dem Durchhaltevermögen meiner Frau, in den mit vollem Vertrauen auf mich gerichteten Augen meiner Kinder und in tausendfältig erfahrener Hilfe von außen.

Es gehört in einen neuen Abschnitt über die Zeit vom Kriegsende 1945 bis zur Gegenwart, daß die von dem hochgeschätzten Herrenberger Oberbürgermeister Schroth anläßlich meines 65. Geburtstags veranstaltete Ausstellung meiner Gemälde, Zeichnungen und anderer Arbeiten eine entscheidende Wende in meinem Berufsleben brachte. Seitdem mehrten sich die Aufträge zusammen mit der Kraft, sie auszuführen.

Die Liebe Jesu Christi ist nicht erschöpfend zu beschreiben. Aber schließlich möchte ich doch noch meiner Freude und Dankbarkeit Ausdruck geben, daß der Herr jene Verheißung bis heute erfüllt hat, die ich auf einer Strohschütte im Pferdestall der Cannstatter Reiterkaserne im Glauben von ihm vernahm:

»Du begehrst für dich große Dinge? Begehre es nicht! Aber dein Leben sollst du wie eine Beute davonbringen, an welchen Ort du auch ziehst« (Jer. 45, 5).

Immer neue Freude durch ein Karl-Kühnle-Bild

Drei verschiedene *Seidenwandbehänge*
(etwa 1 m lang und 35 cm breit):

> Schlehenblüte auf rotem Grund
> Sonnenblume auf gelbem Grund
> Herbstlicher Farn auf blauem Grund

Einzeln aufgehängt, hat jeder Wandbehang bereits eine starke Wirkung, alle drei zusammen können eine große Wand füllen.
Preis je DM 58,—

Handsigniertes Originalfaksimile »Sonnenblume«
(Schwarz-Weiß-Abdruck im Bildteil)

> Trotzdem Sonnenblumen von unzähligen Künstlern gemalt wurden, ist Karl Kühnle dennoch eine neue Gestaltung gelungen: Eingetaucht in Sonnenlicht wird die Blume selbst zu einer strahlenden Sonne.

In sehr kleiner Auflage – natürlich *farbig* gedruckt, bringt das Bild eine festliche Note mit originalgleicher Wirkung.
Blattgröße etwa 50 x 70 cm

Preis: ungerahmt, handsigniert DM 58,-

Jedem Originalfaksimile »Sonnenblume« ist eine kleine Originallithographie – ebenfalls handsigniert – gratis beigegeben, ein wertvolles Certificat.

Originalgemälde

Wie lange es noch möglich sein wird, Originalgemälde anzubieten, ist fraglich.
Preise meist zwischen DM 1200,- und DM 2500,-
Interessenten erhalten bereitwillig Auskunft und unverbindliches Angebot.

IMMER NEUE FREUDE erlebt nicht nur der Käufer durch ein Karl-Kühnle-Bild – ob Original, Original-Faksimile oder Wandbehang –, sondern ebenso der Maler, dessen Altersversorgung davon abhängt, daß sich Käufer seiner Werke finden.

Es wird um Verständnis gebeten, daß der Maler Besucher, die ihn lediglich kennenlernen wollen, nicht empfangen kann.

Kunstverlag Klara Kühnle – Theodor-Körner-Str. 16
D 7033 Herrenberg 1 (Kuppingen) – Tel. 0 70 32 / 3 13 76